Christine Zwingl (Hg.)
Margarete Schütte-Lihotzky
Spuren in Wien

Christine Zwingl (Hg.)

MARGARETE SCHÜTTE-LIHOTZKY

Spuren in Wien

PROMEDIA

Die Vorarbeiten wurden über den Verein
Margarete Schütte-Lihotzky Club
von der Stadt Wien Kultur gefördert.

Bibliografische Information der Deutschen Bibliothek:
Die Deutsche Bibliothek verzeichnet diese Publikation
in der Deutschen Nationalbibliografie.
Detaillierte bibliografische Daten sind im Internet über
http://dnb.ddb.de abrufbar.

Lektorat: Katharina Bacher
Satz: Kevin Mitrega, Schriftloesung
Umschlagabbildungen: Grete Lihotzky, 1921 (UaK, NL MSL, Inv.Nr. F/56),
Kindergarten am Kapaunplatz, Spielbereich im Freien (Foto: Bilderdienst – Pressestelle der Stadt Wien; UaK, NL MSL, Inv.Nr. 172/81/FW)
Druck: Prime Rate Kft., Budapest
Printed in Hungary
ISBN: 978-3-85371-494-2

Fordern Sie die Kataloge unseres Verlags an:
Promedia Verlag
Rotenlöwengasse 8/4
A-1090 Wien
E-Mail: promedia@mediashop.at
Web: www.mediashop.at
www.verlag-promedia.de

Inhalt

Vorwort

Wir freuen uns, dass Herausgeberin und Autorin Christine Zwingl gemeinsam mit den anderen Autorinnen nun ein weiteres Ergebnis ihrer schon über 30 Jahre andauernden Forschungsarbeit über Margarete Schütte-Lihotzky der Öffentlichkeit übergeben kann. Wir hatten an den Erzählungen unserer Tante und Großtante ab 1985 ihre große Freude wahrgenommen, dass es – endlich – Menschen und sogar junge Fachkolleginnen gab, die sich für ihr Lebenswerk interessierten und es wissenschaftlich aufarbeiten wollten. Seither hat das Interesse an ihrem Werk, aber auch an ihrer Persönlichkeit stetig zugenommen. Es freut uns natürlich auch, dass es in ihrer Heimatstadt Wien, wie in den letzten Kapiteln dieses Buches beschrieben, nun auch schon einige Orte der Erinnerung gibt.

Christine Zwingl darf für sich beanspruchen, zu den Ersten zu gehören, die es sich zur Aufgabe gemacht haben, das Werk von Margarete Schütte-Lihotzky dem Vergessen zu entreißen. Sie gehört dabei aber auch zu den Beständigsten – wie sie es z. B. durch die Gründung und Leitung des Margarete Schütte-Lihotzky Raumes mit großem Idealismus unter Beweis gestellt hat und dies noch immer tut. Dadurch ist sie in Wien zu einer der profundesten KennerInnen der Arbeiten und Lebensstationen unserer Tante Grete geworden.

Margarete Schütte-Lihotzkys Leben umfasst ein volles Jahrhundert europäischer Geschichte, welches sie mit wachem Geist bis zu ihrem Tod im Jahr 2000 nicht nur miterlebt, sondern auch aktiv mitgestaltet hat. Sie hat als Kind noch Kaiser Franz Joseph auf der Ringstraße gesehen, sie stand als Einundzwanzigjährige mit ihrem Vater bei der Ausrufung der Republik vor dem Parlament und bekam zu ihrem 100. Geburtstag von Bürgermeister Häupl auf ihren Wunsch »a Kladl« [ein Kleid] geschenkt.

Sie hat sich voll in das soziale Spannungsfeld des 20. Jahrhunderts zwischen wachsendem Individualismus und Massenbewegungen begeben. Hauptimpuls ihres gesamten Wirkens war, das Leben der Menschen, insbesondere der Frauen, auf intelligente und wissenschaftlich fundierte Weise zu verbessern. Zeitlebens war ihr aber auch an ihrer Sprechweise, an der Einrichtung ihrer Wohnungen, an ihrem durchaus auch herrischen Umgang mit Personal die großbürgerliche Herkunft anzumerken. Sie hat für die Massen geplant und dabei selbst in ihren Wohnungen in Wien, Frankfurt und Istanbul (etwas weniger in Moskau und natürlich gänzlich abgesehen von den Jahren im Nazi-Zuchthaus) doch eine recht gutsituierte Lebensführung genießen können. Wir haben sie, seit wir sie kennen (also seit unserer Kindheit z. T. in den 1960er Jahren), bis zu ihrem Tod als überzeugte und parteitreue Kommunistin erlebt. Bei Michael leistete sie durchaus erfolgreich kritische Bildungsarbeit, indem sie ihn zu den von ihr mitveranstalteten antifaschistischen Filmvorführungen in der Urania mitnahm, andererseits vertrat sie aber auch ihm gegenüber dogmatisch die kommunistische Parteilinie, wenn sie z. B. die vietnamesischen Boatpeople summarisch als Großgrundbesitzer bezeichnete. Nach Gorbatschow und dem Zerfall der UdSSR sind jedoch auch ihre politischen Statements sanfter und konzilianter geworden.

Bewunderungswürdig war für uns stets, wie selbstverständlich sie von ihrer Arbeit im Widerstand gegen den Nationalsozialismus berichtet hat. Besonders hervorgehoben hat sie stets, welch hohe Solidarität sie unter den politischen Gefangenen erleben konnte. Erstaunlich fanden wir auch, wie sie im hohen Alter mit sich im Reinen war und keinerlei Anzeichen von Verbitterung bei ihr zu bemerken waren.

Bis zuletzt hat sie das aktuelle politische Geschehen aktiv mitverfolgt, auch die sich anbahnende politische Wende im Jahr 2000 in Österreich hat sie mit Sorge wahrgenommen.

Besonders kennzeichnend war aber vor allem ihr immer aufrechtes ehrliches Interesse an den Menschen, auch – so durften wir es erleben – innerhalb der Familie. Sie hat bis ins hohe Alter durch ihre offene kommunikative Wesensart immer wieder neue Kontakte knüpfen, aber auch neue Freundschaften schließen können. Die Vernetzung in ihrem Grätzel im 5. Bezirk und die von ihr selbst organisierten Hilfen ermöglichten ihr auch als weitgehend erblindete Hundertjährige bis wenige Tage vor ihrem Tod, in der eigenen Wohnung ein selbständiges Leben ohne Pflegepersonal zu führen.

Die wesentlichen Jahre ihrer Berufstätigkeit und auch die Zuchthausjahre hat Margarete Schütte-Lihotzky im Ausland verbracht, jedoch zu vier Fünftel ihres knapp 103-jährigen Lebens war ihr Lebensmittelpunkt Wien. Umso berechtigter erscheint uns das Anliegen des hier vorliegenden Buches, einen Überblick über ihre Spuren in Wien zu geben.

Luzie Lahtinen-Stransky/Michael Stransky
Wien, September 2021

Einleitung – Spuren eines Lebens

Margarete Schütte-Lihotzky ist eine Wienerin, deren Lebensgeschichte das gesamte 20. Jahrhundert umfasst: geboren 1897 in Wien zur Zeit der Monarchie, gestorben im Jahr 2000 in Wien. Im 5. Wiener Gemeindebezirk Margareten liegen die Orte ihres privaten Wiener Lebens. In der Blechturmgasse verbrachte sie ihre Kindheit. Die beiden späteren Wohnungen, die ebenfalls in Margareten lagen, waren jeweils wichtige Plätze ihres sozialen Seins sowie auch Arbeits- und Rückzugsorte für sie. Der Verlauf ihres Lebens führte zu hochinteressanten Stationen der Weltgeschichte. Von Wien aus der SiedlerInnenbewegung und dem Roten Wien kommend (1919–1925) wurde sie nach Frankfurt am Main berufen (1926–1930) zur Entwicklung des Neuen Wohnbaus, in die Sowjetunion (1930–1937) zur Planung neuer Städte für die Schwerindustrie, in die Türkei (1938–1940), wo Programme zur Alphabetisierung eingeführt wurden. Dort schloss sie sich dem österreichischen kommunistischen Widerstand gegen den Nationalsozialismus an und reiste mit einem konspirativen Auftrag 1940 nach Wien, in die Stadt ihrer Herkunft. Sie überlebte die Gefangenschaft. Die zweite Hälfte des 20. Jahrhunderts, nach dem Zweiten Weltkrieg und nach ihrer Rückkehr nach Wien, bezeichnete sie selbst stets als ihr »zweites Leben«.

Die Jahre des Wiederaufbaus und des Kalten Krieges waren für die erfahrene Architektin eine widersprüchliche, schwierige Zeit. Sie engagierte sich in der Frauen- und Friedensbewegung sowie bei internationalen Organisationen. Sie publizierte vielfach, war wieder auf großen Reisen. Aufträge zu Studien und Beratungen erhielt sie aus der DDR und Kuba. Schließlich wurde sie im Alter anerkannt und geehrt.

Mittlerweile unbestritten ist, dass ihr vielfältiges, umfassendes Werk weit über die Frankfurter Küche hinausreicht, die trotzdem nach wie vor oft als einziges bekanntes Werk mit ihr und ihrem Namen verbunden wird.

»Die Nazis wollten mich umbringen, aber ich lebe noch immer

gut und gerne«, stellte Margarete Schütte-Lihotzky anlässlich eines Gesprächs zu ihrem 100. Geburtstag fest. Zu diesem Anlass erlebte sie im Jänner 1997 im Museum für angewandte Kunst Wien eine großartige Feier. VertreterInnen von Bund, Stadt, Architektur, Widerstand, Partei, Bund demokratischer Frauen, Urania Frauenkomitee und FreundInnen, eine vielfältige Zusammensetzung von Menschen aus all ihren Lebensbereichen war gekommen, um dieser beeindruckenden Frau zu gratulieren. Viele Festansprachen wurden gehalten, etwa von Bundeskanzler Vranitzky, Bürgermeister Häupl und der Leiterin eines von der Architektin geplanten Wiener Kindergartens. Als eine weitere Gratulantin konnte ich für die Forschungsgruppe Schütte-Lihotzky sprechen.[1]

Seit zwölf Jahren waren die jungen Architektinnen der Forschungsgruppe mit Margarete Schütte-Lihotzky in Verbindung, bearbeiteten ihr Archiv, ordneten und katalogisierten. Das Ziel war, ihr umfassendes Werk zu erfassen, ihre Stellung und Bedeutung zurechtzurücken, sie und ihr gesamtes Werk bekannt zu machen. Die Aufarbeitung des Archivs in direkter Zusammenarbeit mit Margarete Schütte-Lihotzky ermöglichte die Zuordnung des Materials, die Abgrenzung von Projekten, und vor allem konnten ihre Erzählungen, ihre persönlichen Aussagen zu ihrem Leben und Werk einbezogen werden. Im Rahmen der Forschungsarbeit wurde die Recherche um das Umfeld der verschiedenen Arbeitsbereiche und die historischen Bedingungen erweitert, auch Reisen an ihre Wirkungsstätten in Frankfurt, Bulgarien und der Sowjetunion wurden unternommen.[2] Aufgrund dieses umfangreichen Materials entstanden die erste Ausstellung und das Buch zum Gesamtwerk von Margarete Schütte-Lihotzky.[3]

1 Zur Forschungsgruppe Schütte-Lihotzky (MSL) vgl. Kapitel 7. Renate Allmayer-Beck und Chiara Desbordes: Reise in die Vergangenheit.

2 Forschungsarbeit: Das Werk der Architektin Margarete Schütte-Lihotzky (gefördert vom FWF), Projekt Nr.: P7833-SPR, Wien 1990–1991, durchgeführt von: Renate Allmayer-Beck, Susanne Haindl, Marion Lindner, Christine Zwingl (Projektleitung).

3 Margarete Schütte-Lihotzky. Soziale Architektur – Zeitzeugin eines Jahrhunderts, Ausstellung im Museum für angewandte Kunst Wien; gleichnamiger Ausstellungskatalog, Renate Allmayer-Beck, Susanne Baumgartner-Haindl u. a., Hg. Peter Noever, MAK, Wien 1993; 2. Aufl., Wien 1996.

Über die Zeit des Widerstandes gegen den Nationalsozialismus und ihre Gefangenschaft verfasste Margarete Schütte-Lihotzky ihre autobiografische Erzählung »Erinnerungen aus dem Widerstand 1938–1945«, die 1985 erstmals erschien und in der letzten Ausgabe von 2014 vorliegt.[4] Seit ihrem Tod im Jahr 2000 sind zwei umfangreiche Manuskripte aus dem Nachlass der Architektin veröffentlicht worden. Unter dem Titel »Warum ich Architektin wurde« erschienen ihre Texte über ihre Studienzeit und die 1920er Jahre in Wien und Frankfurt. Das Buch »Millionenstädte Chinas« enthält ihre Eindrücke von den Reisen durch China 1934 und 1956.[5] Die unterschiedlichen Themen der Texte verweisen auf ihren vielfältigen Erfahrungsschatz.

Am Nachlass Margarete Schütte-Lihotzkys, der nun aufgrund ihrer testamentarischen Verfügung im Archiv der Universität für angewandte Kunst liegt, besteht großes Forschungsinteresse. Sowohl die inhaltlichen Schwerpunkte als auch die Herkunft der Forschenden unterscheiden sich stark. In den 20 Jahren seit dem Tod der Architektin konnten neue Sichtweisen zu den Themen der Nachkriegszeit, zum Kalten Krieg und dem Antikommunismus entstehen. Die Zeit schafft Distanz, erweitert die Betrachtungsmöglichkeiten und schafft neue Interessenslagen. Besonders hervorzuheben ist der Tagungsband »Margarete Schütte-Lihotzky. Architektur. Politik. Geschlecht. Neue Perspektiven auf Leben und Werk«, 2019 erschienen, das Ergebnis eines von der Angewandten in Wien veranstalteten interdisziplinären Symposiums im Oktober 2018.[6] Neue Forschungen aus unterschiedlichen Wissenschaftsbereichen ergänzen und differenzieren das Bild der Architektin. Ebenfalls 2019 wurde eine Biografie, verfasst von einer deutschen Autorin, veröffentlicht. Der Briefwechsel zwischen Margarete und Wilhelm

4 Margarete Schütte-Lihotzky: Erinnerungen aus dem Widerstand. Hg. Chup Friemert, Hamburg 1985; Margarete Schütte-Lihotzky: Erinnerungen aus dem Widerstand. Das kämpferische Leben einer Architektin von 1938–1945, Wien 2014.

5 Beide Bücher wurden von Karin Zogmayer herausgegeben, vgl. die Auswahlbibliografie im Anhang.

6 Margarete Schütte-Lihotzky. Architektur. Politik. Geschlecht. Neue Perspektiven auf Leben und Werk, Hg. Marcel Bois/Bernadette Reinhold, Basel 2019.

Schütte während der Gefangenschaft in den Jahren 1941–1945 wird demnächst herausgegeben.[7] Dies alles trägt dazu bei, die Bekanntheit ihrer Persönlichkeit im In- und Ausland zu steigern.

Das Leben Margarete Schütte-Lihotzkys darzulegen und damit den Leistungen und dem vielseitigen Wirken einer Frau, insbesondere einer Architektin, mehr Sichtbarkeit und Öffentlichkeit zu verschaffen, sehen wir als gesellschaftlich wichtigen Beitrag. Außerdem wollen wir Frauen ermutigen und ein Role Model für den Beruf – vor allem für junge Frauen – aufzeigen. Dies gehört auch zu den Intentionen des Margarete Schütte-Lihotzky Raums, eines 2014 eröffneten Ausstellungs- und Informationsraumes in Wien.[8] Bereits im Jänner 2015 wurde dort das Projekt »Margarete Schütte-Lihotzky – Ihre Spuren in Wien« mit einer ersten Wienkarte präsentiert. Darauf folgten Ausstellungen, die jeweils Abschnitte und Schwerpunkte aus Leben und Werk der Architektin zum Inhalt hatten.

Der Blick auf das Leben von Margarete Schütte-Lihotzky erweitert die Perspektive auf die österreichische Geschichte und fordert die Auseinandersetzung mit teilweise vernachlässigten historischen Spuren. Margarete Schütte-Lihotzky war eine der mutigen Frauen, die am Anfang des 20. Jahrhunderts ihre berufliche Ausbildung in für Frauen neuen Bereichen suchten, diese Tätigkeit aufnahmen, anfangs erfolgreich waren, doch dann zurück- oder ins Exil gedrängt wurden.[9] Margarete kehrte nach dem Zweiten Weltkrieg in ihre Stadt Wien zurück. Mit den Jahren der internationalen Arbeit als Architektin und den Reisen wurde sie zur Kosmopolitin. Die politischen Entwicklungen und der Weltkrieg ließen die Widerstandskämpferin und Aktivistin in ihr entstehen, die immer mit dem Fokus auf ein freies Österreich agierte – mit sozialistischer Überzeugung und ab 1939 als Mitglied der kommunistischen Partei. Sie blieb dieser Haltung treu und trat für ihre Über-

7 Beides vgl. die Auswahlbibliografie im Anhang.

8 Margarete Schütte-Lihotzky Raum, 1030 Wien, Untere Weißgerberstraße 41. http://www.schuette-lihotzky.at

9 Vgl. Ausstellung im Margarete Schütte-Lihotzky Raum: Pionierinnen – Heldinnen der Architektur von 7. 12. 2018 bis 28. 6. 2019.

zeugung ein. In einer Zeit der Polarisierung erlebte sie Ausgrenzung und andererseits Zusammenhalt von Gleichgesinnten und FreundInnen. Über die Bedeutung und Stärke von Gemeinschaft wusste sie aus ihren Erfahrungen im Beruf, in der Widerstandstätigkeit und Gefangenschaft gut Bescheid. Ich lernte sie als eine offene, allgemein interessierte Person kennen, die, wie sie selbst es ausdrückte, »immer sehr in der Gegenwart und auch in der Zukunft lebt«.

Dieses Buch lenkt den Blick auf Margarete Schütte-Lihotzkys Wiener Spuren, auf ihre Wohnorte, Ausbildungsstätten, Werke, auf Orte der Gefangenschaft, Orte ihres politischen Engagements für Frauen sowie der Erinnerung. Die Orte werden im Einzelnen beschrieben, sind gekennzeichnet und auf der Wienkarte (siehe S. 198) zu finden. Die Texte der Autorinnen zu den einzelnen Abschnitten sind unabhängig voneinander entstanden. Hier schreiben Frauen, die Margarete Schütte-Lihotzky gekannt haben und Authentisches erzählen können oder mit dem jeweiligen historischen Zeitabschnitt stark verbunden sind. Ulrike Jenni war seit den 1970er Jahren mit Margarete befreundet und kann auch aus der Perspektive der Nachfolgerin in ihrer Wohnung berichten. Bernadette Reinhold spürt der Ausbildungssituation einer jungen Frau am Anfang des 20. Jahrhunderts mit ungewöhnlichem Berufswunsch nach. Einen Überblick zu den Werken der Architektin bietet Christine Zwingl, sowohl zu den ersten Wiener Jahren als auch zur Nachkriegszeit. Elisabeth Holzinger zeichnet die Persönlichkeit nach, die in den Widerstand gegen den Nationalsozialismus ging und die Gefangenschaft überlebte. Persönliche Begebenheiten bestimmen Bärbel Dannebergs Text zu Margarete Schütte-Lihotzkys frauenpolitischem Engagement. Über eine Reise in die Vergangenheit führen Renate Allmayer-Beck und Chiara Desbordes zu den bestehenden Orten der Erinnerung in der Stadt Wien.

Eine große Freude war für mich das Gespräch mit den Verwandten und Erben Margarete Schütte-Lihotzkys, die ich in den letzten Jahren kennenlernen durfte und mit denen ich im Sommer 2019 ein Interview führen konnte. Luzie Lahtinen-Stransky, ihr Vater Michael Stransky und seine Frau Birgit Stransky erklärten ihr verwandtschaftliches Verhältnis zu Margarete Schütte-Lihotzky und erzählten aus ihren Erinnerungen.

Dank

Den herzlichsten Dank möchte ich vor allem den Mitautorinnen dieses Buches ausdrücken, für ihren Einsatz und ihre Beiträge, die das Projekt bereichert und die Entwicklung des gesamten Buches so positiv beeinflusst haben.

Für das Verfassen des Vorwortes sowie die Bereitstellung des Stammbaumes der Familie bedanke ich mich bei der Familie Stransky, besonders bei Luzie, die nun Inhaberin der Urheberrechte nach Margarete Schütte-Lihotzky ist, für ihre Bereitschaft, meine bisherigen Projekte und auch die Entstehung dieses Buchs zu unterstützen.[10]

Weiters gilt mein Dank Silvia Herkt, der Leiterin der Kunstsammlung und des Archivs der Universität für angewandte Kunst Wien, und ihrer Mitarbeiterin Nathalie Feitsch für die schon jahrelange gute Zusammenarbeit und die Unterstützung bei der Nutzung von Fotos und Abbildungen aus dem Nachlass Margarete Schütte-Lihotzkys. Bedanken möchte ich mich bei Manfred Mugrauer für das Zurverfügungstellen von Fotos aus dem Bildarchiv der KPÖ sowie bei Margherita Spiluttini für ihre wunderbaren Fotos, die nun im Architekturzentrum Wien verwaltet werden. Meiner Freundin Elisabeth Friedl danke ich für ihr hilfreiches Lektorat und die erfrischenden Gespräche, Felicitas Konecny für ihr kritisches Lesen und ihre Anregungen.

Den Frauen des Margarete Schütte-Lihotzky Clubs widme ich dieses Buch, speziell Brigitte, Lisa, Maria, Susanne und Ulli. Sie haben durch ihr Engagement und ihren ehrenamtlichen Einsatz den Margarete Schütte-Lihotzky Raum ermöglicht und meine Ideen und dieses Buchprojekt über die Jahre bis zur Realisierung mitgetragen.

Christine Zwingl
Wien, September 2021

10 Margarete Schütte-Lihotzky bestimmte testamentarisch Dorothea Stransky, die Großmutter Luzie Stranskys, zu ihrer Universalerbin, die 2019 diese Rechte an ihre Enkelin weitergegeben hat.

Abb. 1: Feier zu Margarete Schütte-Lihotzkys 100. Geburtstag 1997 im Museum für Angewandte Kunst – MAK Wien, Irma Schwager enthüllt eine Fahne mit einem Brecht-Zitat. Von rechts sitzend: Margarete Schütte-Lihotzky, Roland Rainer, Rudolf Scholten, Roxane Modjawer

In besonderer Erinnerung an:

ULRIKE JENNI (1945–2020), Mitautorin und Mitbegründerin des Margarete Schütte-Lihotzky Clubs, die am 15. April 2020 plötzlich und unerwartet verstorben ist.

IRMA SCHWAGER (1920–2015), Mitbegründerin und Unterstützerin des Margarete Schütte-Lihotzky Clubs, Widerstandskämpferin, Mitstreiterin und Freundin Margaretes.

Im Gespräch mit Familie Stransky

Auf der Suche nach Margarete Schütte-Lihotzkys biografischen Spuren in Wien nahm ich Kontakt mit ihren nächsten Verwandten auf, konkret mit Luzie Lahtinen-Stransky und ihren Eltern Michael und Birgit Stransky. Margarete Schütte-Lihotzky hatte keine Kinder und auch von ihrer Schwester Adele gibt es keine Nachkommen. Daher bat ich Luzie, die Dramaturgin ist und mit ihrer Familie in Wien lebt, im Sommer 2019 um ein Gespräch. Auch Michael und Birgit Stransky nahmen daran teil, sie waren aus Graz auf Besuch nach Wien gekommen.

Wesentliche Fragen des Gesprächs waren: Worauf beruhen die verwandtschaftlichen Beziehungen? Welche Erinnerungen haben Sie an die Familie und an Margaretes Wohnungen? Hat Margarete aus ihren Erfahrungen erzählt?

Margarete Schütte-Lihotzky wird von ihren Verwandten Grete genannt, ihre Schwester Dele.

Michael Stransky erklärt das verwandtschaftliche Verhältnis zu Margarete: »Ihr Großvater ist mein Urgroßvater, Rudolf Bode, in dessen Haus ist sie auch aufgewachsen. Das war im 5. Bezirk in der Blechturmgasse.«

Rudolf Bode heiratete ein zweites Mal. Grete Lihotzky nahm als 6- oder 7-jähriges Mädchen an der Hochzeit ihres Großvaters teil. Aus dieser zweiten Ehe entstammte Ilse Bode, die Großmutter Michael Stranskys. Ilse Bode hat später Hans Rascher geheiratet und mit ihm eine Tochter, Dorothea, bekommen, die dann Mutter eines Sohnes, Michael, wurde. »Also mein Urgroßvater ist ihr Großvater.«

Grete habe gerne darüber reflektiert, dass sie bei den Hochzeiten von vier aufeinanderfolgenden Generationen dabei gewesen sei, nämlich bei der ihres Großvaters, bei jener Ilses, bei der Eheschließung von Michael Stranskys Eltern und schließlich bei dessen eigener. Die Architektin habe die Familiengeschichte stets mitverfolgt.

Luzie Lahtinen-Stransky erinnert sich an die Erzählungen Gretes über das Haus in der Blechturmgasse: In dem großen Haus habe es einen eigenen Trakt gegeben, in dem die Familie Gretes wohnte, und den Trakt ihres Großvaters Rudolf Bode. Aus dessen zweiter Ehe stammte wie erwähnt die Tochter Ilse, Luzies Urgroßmutter. In dem Haus lebten also drei Mädchen: Grete, ihre Schwester Dele und die um einiges jüngere Ilse. Grete konnte sich neben der Hochzeit ihres Großvaters auch an Ilses Geburt erinnern.

Michael Stransky schildert Gedanken Gretes zur Einrichtung der Wohnung in der Franzensgasse: Da war im Wohnzimmer das Bild von Gretes Großvater, das ihn als kleinen Knaben zeigte. Diesem Bild sei dann die Wandvertäfelung angepasst worden. Die Architektin habe großen Wert daraufgelegt, dass alles einer gewissen Fluchtlinie folge, die sich durch das ganze Zimmer fortsetzte.

Ein bleibender Eindruck sei, dass Grete bis zuletzt in dieser Wohnung gewohnt hat, auch als fast erblindete Frau. Um sich zurechtzufinden, habe sie Strategien entwickelt – wie zum Beispiel die Schritte bis zum nächsten Geschäft oder Gasthaus zu zählen.

Birgit Stransky erzählt, dass sie Grete seit dem Jahr 1978 kenne, als sie schon recht betagt war. Die Architektin habe großen Anteil an der Familie genommen. Dies sei ihr sehr wichtig gewesen. So habe sie zum Beispiel zur Geburt von Sohn Max ein Paar Babyschuhe geschickt und sich auch, wenn die Familie sie in Radstadt besucht hat, sehr für die Kinder interessiert. Zur Wohnung in der Franzensgasse fügt Birgit Stransky ergänzend hinzu: »Vor allem hat sie immer wieder über den Wandteppich beim Bett geredet, den sie nomadisierenden Kirgisenmädchen abgekauft hatte.« Später habe sie angeblich die Dimension ihres Zimmers auf ihn abgestimmt.

In ihren letzten Lebensjahren sei Margarete wohl sehr vernetzt gewesen und habe über ein System von HelferInnen verfügt. Mittags sei sie täglich essen gegangen in ein Wirtshaus oder zu einem Vietnamesen oder Chinesen, wo sie jeweils eine Abmachung für eine kleine Portion getroffen hatte. Auch in Radstadt sei Grete immer essen gegangen – wenn sie allein war ins Sporthotel, von wo man sie mit dem Auto wieder nach Hause brachte.

Abb. 2: Salon der Familie Bode im Haus Blechturmgasse 27, ca. 1910

Michael Stransky meint zu Margarete Schütte-Lihotzkys beruflichen Gedanken: Sie habe über manche ihrer architektonischen Ideen gesprochen, zum Beispiel »ob es nicht gescheiter wäre, wenn es in einem Haus nur eine Küche gäbe, statt dass in jeder Wohnung einzeln gekocht wird«. Über ihre Werke und Leistungen habe sie weniger gesprochen, aber was die Familie so macht, habe sie immer interessiert. Später allerdings habe Grete durchaus ab und zu über ihre Ehrungen und Veranstaltungen, an denen sie teilgenommen hatte, berichtet. Das habe eine Rolle für sie gespielt. So auch, dass sie mit Architektinnen zusammenarbeite, die ihr Archiv aufarbeiten. Grete habe sich immer für die Jugend interessiert, und auch im hohen Alter sei sie im Gespräch aktiv, geistig rege und nicht vergesslich gewesen.

Luzie Lahtinen-Stransky ergänzt die Erinnerungen mit Anekdoten Gretes, die diese immer wieder gebracht hat: Vor allem erwähnte sie, dass ihr Lehrer Oskar Strnad zu ihr gesagt habe »Gehen Sie hinaus in die Arbeiterbezirke …«, was in eine Erfahrung mündete, die dann für ihre Berufsentscheidung und Entwicklung als Architektin so wichtig wurde.[1] Und über die Küche habe sie eher viel geschimpft: »Dass diese elendige Küche so berühmt geworden ist. Es geht doch nicht um die Einrichtung.«

1 Vgl. Kapitel 2. Bernadette Reinhold: »Fräulein Lihotzky ist sehr begabt …«.

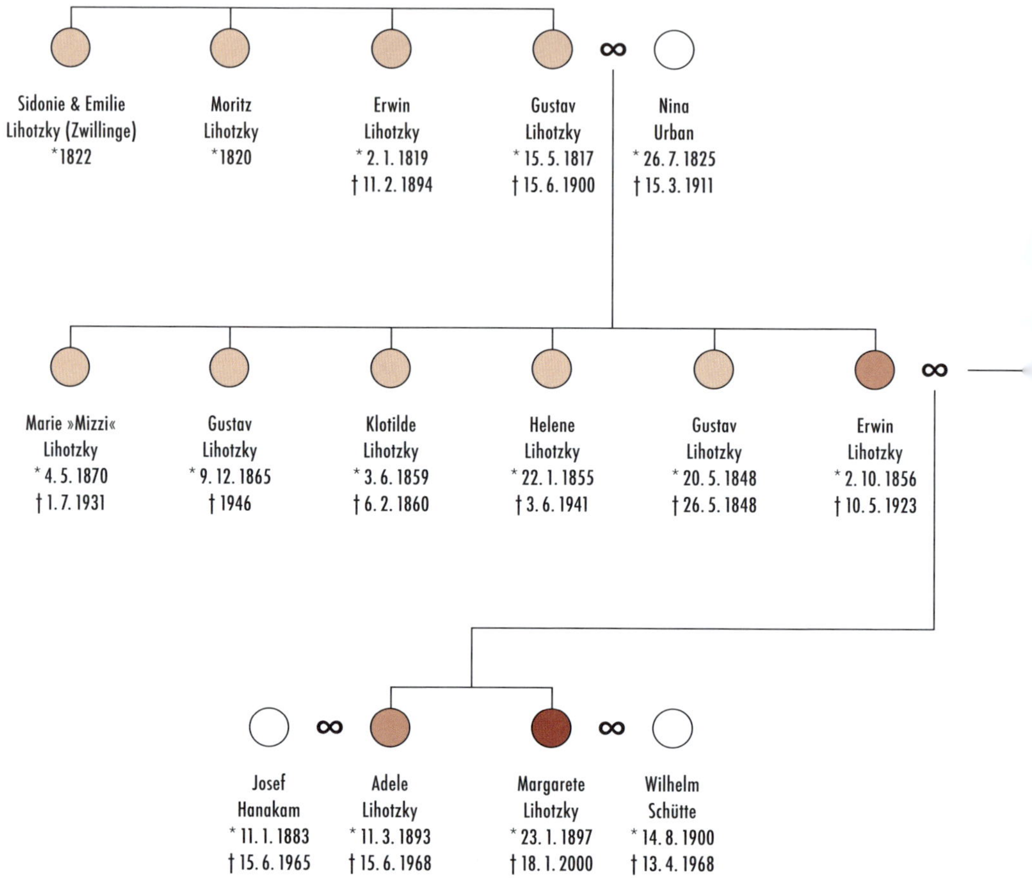

Sidonie & Emilie
Lihotzky (Zwillinge)
*1822
Moritz
Lihotzky
*1820
Erwin
Lihotzky
* 2. 1. 1819
† 11. 2. 1894
Gustav
Lihotzky
* 15. 5. 1817
† 15. 6. 1900
∞
Nina
Urban
* 26. 7. 1825
† 15. 3. 1911
Marie »Mizzi«
Lihotzky
* 4. 5. 1870
† 1. 7. 1931
Gustav
Lihotzky
* 9. 12. 1865
† 1946
Klotilde
Lihotzky
* 3. 6. 1859
† 6. 2. 1860
Helene
Lihotzky
* 22. 1. 1855
† 3. 6. 1941
Gustav
Lihotzky
* 20. 5. 1848
† 26. 5. 1848
Erwin
Lihotzky
* 2. 10. 1856
† 10. 5. 1923
∞
Josef
Hanakam
* 11. 1. 1883
† 15. 6. 1965
∞
Adele
Lihotzky
* 11. 3. 1893
† 15. 6. 1968
Margarete
Lihotzky
* 23. 1. 1897
† 18. 1. 2000
∞
Wilhelm
Schütte
* 14. 8. 1900
† 13. 4. 1968

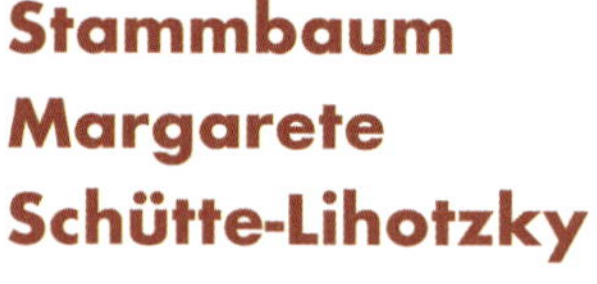

Stammbaum Margarete Schütte-Lihotzky

Grundlage erstellt von Michael Stransky

Joonas
Lahtinen
∞
Luzie
Lahtinen-Stransky
Max
Stransky

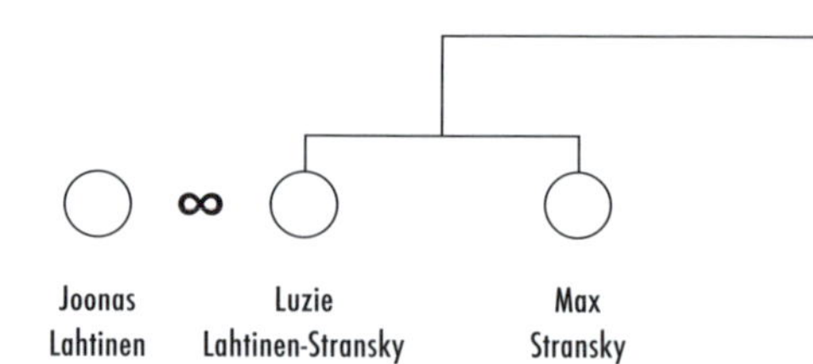

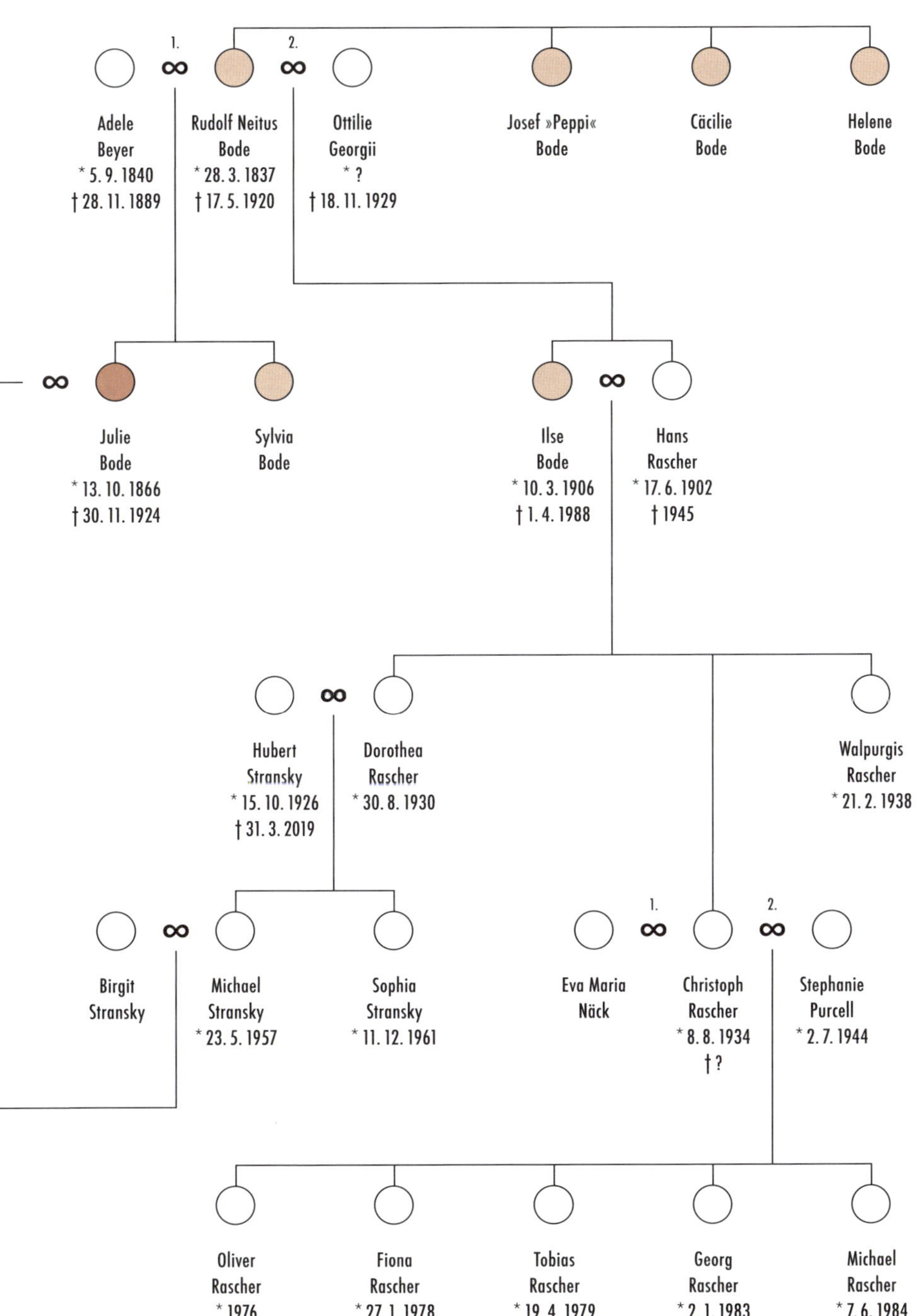
1.
2.
Adele Beyer * 5. 9. 1840 † 28. 11. 1889
Rudolf Neitus Bode * 28. 3. 1837 † 17. 5. 1920
Ottilie Georgii * ? † 18. 11. 1929
Josef »Peppi« Bode
Cäcilie Bode
Helene Bode
Julie Bode * 13. 10. 1866 † 30. 11. 1924
Sylvia Bode
Ilse Bode * 10. 3. 1906 † 1. 4. 1988
Hans Rascher * 17. 6. 1902 † 1945
Hubert Stransky * 15. 10. 1926 † 31. 3. 2019
Dorothea Rascher * 30. 8. 1930
Walpurgis Rascher * 21. 2. 1938
Birgit Stransky
Michael Stransky * 23. 5. 1957
Sophia Stransky * 11. 12. 1961
1.
2.
Eva Maria Näck
Christoph Rascher * 8. 8. 1934 † ?
Stephanie Purcell * 2. 7. 1944
Oliver Rascher * 1976
Fiona Rascher * 27. 1. 1978
Tobias Rascher * 19. 4. 1979
Georg Rascher * 2. 1. 1983
Michael Rascher * 7. 6. 1984

Abb. 3: Margarete Schütte-Lihotzky auf der Terrasse ihrer Wohnung in der Franzensgasse mit Kater Schurli, 1991

1. Wohnorte 1897–2000

ULRIKE JENNI

Margaretes Wohnungen in Wien

Blechturmgasse 27, 5. Bezirk
Erste Wohnung der Familie Lihotzky, 1897–1914

Sobald ich das Gespräch auf die Kindheit Margarete Schütte-Lihotzkys (künftig als Grete bezeichnet) lenkte, fing Grete an zu schwärmen:

»Ich bin in einem wunderschönen Alt-Wiener Haus aufgewachsen, das leider nicht mehr steht. Wir hatten noch einen ziemlich großen Hof mit einer Linde.«[1]

Grete wurde 1897 in Wien in ebendiesem Haus geboren, das ihrem Großvater mütterlicherseits, Rudolf Bode, gehörte. Er stammte aus Berlin und war nach Wien gekommen, um an der Technischen Hochschule Ingenieurwesen zu studieren. In dem Spätbiedermeierhaus erlebte Grete ihre Kindheit und einen Großteil ihrer Schulzeit bis zum Jahre 1914, als sie 17 Jahre alt war. Hinter dem Wohnhaus erstreckte sich der Blumen- und Gemüsegarten. An den Rändern des längs ausgerichteten Hauses standen auf der einen Seite einige Robinien, die zur Blütezeit herrlich dufteten. Dieses parkähnliche Areal diente als Spielplatz für Grete, ihre um vier Jahre ältere Schwester Adele und auch für Ilse, die Tochter aus der zweiten Ehe des Großvaters Rudolf Bode.

Rudolf Bode hatte sich auf das Planen und Bauen von Brücken sowie von Eisenbahnanlagen spezialisiert. Als Grete auf die Welt kam, war Rudolf Bode schon Baudirektor der ersten Wiener Baugesellschaft. Der Großvater väterlicherseits, aus der Familie Lihotzky, kam von Czer-

1 Alle angeführten Zitate von Margarete Schütte-Lihotzky und Aussagen zu ihrer Herkunftsfamilie sind dem ausführlichen Gespräch, das Chup Friemert 1984 in Wien mit Margarete Schütte-Lihotzky führte, entnommen. In: Margarete Schütte-Lihotzky. Erinnerungen aus dem Widerstand 1938–1945, Hg. Chup Friemert, Hamburg 1985, S. 7–45, hier S. 7–9.

Abb. 4: Haus in der Blechturmgasse: Großvater Bode mit Grete und Dele Lihotzky im Garten, 1899

nowitz nach Wien, um Jus zu studieren. Laut Grete verkörperte er das typisch altösterreichische Gemisch mit Einflüssen aus der Bukowina. Nach Czernowitz zurückgekehrt, wurde er Richter. Neben seiner richterlichen Tätigkeit wurde er auch zum Bürgermeister gewählt. Von der weit verbreiteten Korruption war der junge Richter so entsetzt, dass er seine Frau am Traualtar schwören ließ, keine Geschenke anzunehmen. Diese außergewöhnliche Haltung machte einen sehr großen Eindruck auf Grete. Die Familie Lihotzky hatte auch immer jüdische Freunde, trotz des weit verbreiteten Antisemitismus. Außerdem schrieb Großvater Lihotzky in sein Tagebuch, wie sehr er die Revolution von 1848 begrüßte. Die Familie, in der Grete heranwuchs, war von liberal-demokratischer Gesinnung, sowohl die Czernowitzer als auch die Berliner Linie.

Es ist ungewöhnlich, von beiden Großvätern ausführlich zu berichten, während die beiden Großmütter nur mit kurzen Worten bedacht werden. Die Bode-Oma starb leider, als Grete zwei Jahre alt war, später nahm die zweite Frau Rudolfs diesen Platz ein. Ihre Oma aus Czernowitz bedachte sie aber mit sehr netten Worten: »die ich noch sehr gut gekannt und geliebt habe«.[2]

Abb. 5: Familie Lihotzky, von links: Grete, Mutter Julie (geb. Bode), Vater Erwin, Adele, um 1903

Die Mutter von Grete hatte keinen Beruf erlernt, sondern versorgte die Familie – sie kochte und nähte die Kleider für ihre beiden Töchter und wahrscheinlich auch für sich, da der Vater wenig verdiente. Außerdem war sie sehr belesen. Zu Kriegsbeginn meldete sie sich zum Roten Kreuz. Nach dem Krieg musste der Vater in Pension gehen, da begann sie, beim Jugendgericht zu arbeiten. Grete meinte, dass ihre Mutter darüber furchtbare Sachen erzählt und außerdem von durchwegs entsetzlichen Wohnverhältnissen berichtet hat.

Gretes Vater wollte Musiker werden, leider war das aber aus finanziellen Gründen nicht möglich. So wurde er k. k. Beamter. Er war ein Kriegsgegner. Als die Republik 1918 vor dem Parlament in Wien ausgerufen wurde, begrüßte der republikanisch gesinnte Vater dies freudig. Vater und Tochter Grete waren zusammen zum Parlament gegangen, um das Ereignis zu erleben. Schon als Grete acht oder vielleicht zehn Jahre alt gewesen war, hatte ihr Vater sie mit auf die Ringstraße zum 1.-Mai-Aufmarsch genommen. Über die Ringstraße zogen kleine Trupps mit roten Fahnen, so etwas hatte sie vorher noch nie gesehen. Der Vater

2 Margarete Schütte-Lihotzky. Erinnerungen, 1985, S. 7–9.

hatte offensichtlich ein Gespür für das Interesse Gretes an politischen Massenzusammenkünften und Märschen.

Die architektonische Umgebung – seien es nun Wohnungen oder Häuser, Gärten oder Bäume – übt auf das Wohlbefinden der Menschen einen bedeutenden Einfluss aus, in positiver oder negativer Weise. Im Haus in der Blechturmgasse mit seinem Garten fanden die Bewohnerinnen und Bewohner ideale Wohnbedingungen vor. Als Architektin beschäftigte sich Grete mit dieser Thematik. In ihrem autobiografischen Buch »Warum ich Architektin wurde« schrieb sie:

»Unzweifelhaft aber gibt es beim Menschen eine ästhetische Empfänglichkeit gegenüber seiner Umwelt, vor allem gegenüber der Architektur, die ständig auf ihn einwirkt. Sie löst Gefallen oder Missfallen, Freude oder Unlust, Harmonie oder Disharmonie, Ruhe oder Unruhe in den Menschen aus. Loos nannte das die ›Wirkung auf die Nerven‹.«[3]

Vielleicht spielten beim Schreiben des oben zitierten Textes auch Erinnerungen an ihre Jugendzeit eine Rolle. In der allgemeinen Schule fiel den LehrerInnen auf, dass Grete gut zeichnen konnte. Deshalb erlaubten ihre Eltern, dass Grete zwei Jahre die Graphische Lehr- und Versuchsanstalt besuchte, obwohl ihre Tochter durch Krankheiten geschwächt war. Kurz vor Kriegsausbruch im Jahr 1914 musste der Großvater das Haus in der Blechturmgasse verkaufen, und die Familie Lihotzky übersiedelte in eine Wohnung in der Hamburgerstraße.

Hamburgerstraße 14, 5. Bezirk

Von der Wohnung gibt es kaum Fotografien oder Beschreibungen. Sie befand sich im Mezzanin des Hauses an der Ecke Hamburgerstraße/Steggasse. Diese Wohnung bewohnte die Lihotzky-Familie ab 1914. Grete wohnte dort nur bis zur Berufung an das Hochbauamt der Stadt Frankfurt am Main im Jahr 1926.

3 Margarete Schütte-Lihotzky: Warum ich Architektin wurde, Hg. Karin Zogmayer, Salzburg 2004, S. 33.

Abb. 6: Grete Lihotzky in der Wohnung Hamburgerstraße 14, 1923

Die Eltern Gretes waren vorerst aus Sorge um ihre Tochter gegen ein Studium an der Kunstgewerbeschule, obwohl Grete es sich sehr wünschte. Letztlich konnte sich Grete durchsetzen und trat 1915 zur Aufnahmeprüfung an der k. k. Kunstgewerbeschule in Wien an. Der Weg, speziell zur Architekturklasse, war nicht einfach, denn Gretes Lehrer – der Architekt Oskar Strnad –, ihr Vater und der Bode-Großvater wollten ihr das Fach ausreden: eine massive männliche Gegnerschaft musste besiegt werden.[4] Von 1915 bis 1919 studierte Grete in der allgemeinen Abteilung und der Fachklasse für Architektur, die von Professor Oskar Strnad geleitet wurden, sowie Baukonstruktionslehre bei Professor Heinrich Tessenow: Hier fand sie den Zugang zur Architektur.[5]

Nach ihrem Abschluss arbeitete Grete als Architektin in der SiedlerInnenbewegung, die sich auf Grund der großen Wohnungsnot

4 Renate Allmayer-Beck, Susanne Baumgartner-Haindl u. a., Hg. Peter Noever, MAK: Margarete Schütte-Lihotzky. Soziale Architektur – Zeitzeugin eines Jahrhunderts, Ausstellungskatalog, MAK – Museum für angewandte Kunst Wien, Wien 1993; 2. Auflage, Wien/Köln/Weimar 1996, S. 269–271 (Biografie).

5 Vgl. Kapitel 2. Bernadette Reinhold: »Fräulein Lihotzky ist sehr begabt«.

nach dem Ersten Weltkrieg gebildet hatte.[6] Der Vater starb 1923 an Tuberkulose, die Mutter 1924 an derselben Krankheit. Grete erkrankte ebenfalls im Jahr 1924 und kam in die Lungenheilstätte Grimmenstein, wo sie zehn Monate verbrachte. Ihre Schwester Adele blieb nach dem Tod der Eltern und nachdem Grete nach Frankfurt am Main übersiedelt war weiterhin in der Wohnung in der Hamburgerstraße.

In den Anfangsjahren des Zweiten Weltkrieges lebten und arbeiteten Grete und ihr Mann Wilhelm Schütte in der Türkei, im sicheren Istanbul. Als Grete im Dezember 1940 von Istanbul nach Wien reiste, um für die Verbindung des österreichischen Widerstands mit dem Ausland zu sorgen, war sie in diesen Wochen vor ihrer Verhaftung bei ihrer Schwester einquartiert.[7]

Am 29. April 1945 erfolgte die Befreiung aus dem Zuchthaus in Aichach, Bayern. Die Österreicherinnen wurden nach München gefahren und in einer Schule untergebracht. Nach zwei Monaten (Mai, Juni) wurde Grete mit anderen nach Innsbruck und weiter in die Lungenheilanstalt Hochzirl geschickt. Nach zwei Monaten in Hochzirl (Juli, August) wurde Grete entlassen und kehrte nach Wien zurück. Im September 1945 zog sie wieder in die Wohnung in der Hamburgerstraße ein, wo sie bis zur Fertigstellung ihrer neuen Wohnung in der Franzensgasse im Jahr 1969 ihren Wohnsitz in Wien hatte.[8]

Franzensgasse 16, 5. Bezirk

Grete lebte in ihren letzten 30 Lebensjahren in einer Neubauwohnung, die sie zwischen 1967 und 1969 für sich geplant hatte. Sie war 73 Jahre alt, als sie schließlich 1970 einzog. Die Wohnung liegt im sechsten Obergeschoß eines genossenschaftlichen Wohnbaus mit Aufzug. Grete hatte in »ihrem« fünften Bezirk eine Wohnung gefunden, die sie relativ frei planen konnte, da sie nur zwei tragende Wände aufwies. Die übrigen Zwischenwände trennten die Nassräume und den Schrankraum

6 Vgl. Kapitel 3. Christine Zwingl: Der große soziale Aufbruch.
7 Vgl. Kapitel 4. Elisabeth Holzinger: Gegen den Strom.
8 Vgl. Kapitel 5. Christine Zwingl: »Den Frieden auf der Welt …«.

Abb. 7: Wohnung von Margarete Schütte-Lihotzky in der Franzensgasse, 2000

ab. Hier waren neben ihren Kleidern auch ihre gesamten Pläne und Schriftstücke archiviert. Der von Grete gezeichnete Grundriss dieser Wohnung ist erhalten.

Wenn man das Vorzimmer betritt, kann man den Blick bis zum Ende schweifen lassen, dies ist auch aus der Durchreiche der Küche ohne Weiteres möglich. Die Wohnung scheint aus einer Einheit zu bestehen: dem Vorzimmer, dem Wohnbereich mit dem Esstisch und einer Sitzecke mit Sofa, dem schmäleren Abschnitt mit dem Schreibtisch bis hin zum Bett am Wohnungsende, das tagsüber in ein Sofa verwandelt wird.

Derselbe freie Blick funktioniert auch umgekehrt, vom Alkoven (dem Schlafplatz) bis zum Vorzimmer. Abgesehen vom Abstellraum und der Toilette gibt es keine Türen.

Zwischen die Raumeinheit mit dem Esstisch und den Arbeitsraum kann ein Vorhang gezogen werden, der von Grete nur sehr selten benützt wurde, vor allem dann, wenn sie viele Leute empfing. An der gesamten Längsseite der Wohnung erstreckt sich eine Terrasse (12,50 m Länge/2,70 m Breite). Durch die raumhohen Fenster kann man zur Terrasse hinausblicken, die von Grete besonders gerne und häufig genutzt wurde.

Die beinahe quadratische Küche ist vom Vorzimmer aus zu betreten. Ihre Ausstattung erfolgte nach Gretes System der Griff- und

Schrittersparnis. Unter dem Vorbereitungstisch waren drei Laden und Ausziehbretter angebracht, die, wenn sie herausgezogen wurden, einen schönen Essplatz vor dem Fenster ergaben. Eine Durchreiche mit Schiebetür sorgte für die direkte Verbindung zum Essplatz im Wohnzimmer.

Die Fenster waren ab dem Essplatz sowie beim Arbeitsplatz raumhoch, jedoch hatte jenes beim Schlafplatz eine Brüstung. Die Fenster waren ein schwedisches Produkt, hauptsächlich Schiebeelemente, die Gläser liefen direkt auf Holz. Leider funktionierten sie in Gretes letzten Jahren nicht mehr, auch weil sie ein fragiles Holzgerüst aufwiesen. Durch die raumhohen Fenster wurde jegliches Wetter von der Bewohnerin registriert. Die Architektin war eine Meisterin der Lichtführung: Bis in die Tiefe der Wohnung dringt Licht in alle Bereiche.

Links neben dem Esstisch befindet sich der Wohnbereich, bestehend aus einem Sofa (das auch als ein zweiter Schlafplatz dienen konnte), einem runden Tisch, zwei Lehnsesseln und dem Fernseher. An der Wand beim Sofa war das Biedermeier-Bild eines Knaben angebracht, und zwar so, dass es BesucherInnen sofort auffiel. Grete erzählte, dass es sich um ihren Großvater Lihotzky aus Czernowitz handle.

An der den Fenstern gegenüberliegenden Innenwand war eine Klinkermauer zu einem Drittel hochgezogen, in welche mittig ein offener Kamin gemauert war. Links vom Kamin gab es eine offene Nische für Holzlagerung, daneben eine Holztür, die den Musikschrank mit den Schallplatten verschloss. Auf der rechten Seite befanden sich offene Nischen für Bücher. Über der Klinkermauer, etwas zurückversetzt, war die Wand bis zur Decke mit Holzpaneelen verkleidet, was eine angenehme Stimmung verbreitete.

Die Wand, an welcher der Arbeitsplatz angeordnet war, war mit leichten Bücherregalen ausgestattet. Der letzte Abschnitt der Wohnung, die Bettnische, war als Alkoven gestaltet, die Wand mit einer Baumwolldecke und einer kirgisischen Seidenstickerei überzogen. Neben dem Bett führte ein Durchgang zum Ankleideraum und dem Bad.[9]

9 Soziale Architektur, S. 232–233 (erste Beschreibung der Wohnung).

Abb. 8: Margarete Schütte-Lihotzky in ihrer Wohnung in der Franzensgasse, 1980

Wie ich Grete kennen lernte

Ich lernte Grete 1975 auf der Bahnfahrt zu den Abschlussfeierlichkeiten des »Jahres der Frau« kennen, die in Berlin (Ost) stattfanden. Diese Reise und die anschließenden Veranstaltungen in Berlin waren der Beginn einer Freundschaft, die bis zu Gretes Lebensende anhielt. Zurückgekehrt nach Wien folgten immer wieder Besuche in ihrer Wohnung, bei denen sie mir vieles aus ihrem Leben erzählte. Als sie mich fragte, ob ich Mitglied des Frauenkomitees für Filmvorführungen in der Urania werden wollte, willigte ich gern ein mit dem Hinweis, dass ich jedoch eine Tochter im Babyalter hätte.

Grete hatte das von ihr geplante Haus in Radstadt von ihrer Schwester geerbt. Des Öfteren fuhr unsere Kleinfamilie gemeinsam mit Grete Anfang des Sommers in ihr Landhaus. Während unseres Aufenthalts in Radstadt fiel mir besonders auf, wie gerne sich Grete mit kleineren, aber auch schon etwas größeren Kindern beschäftigte. Nie fiel ihr der Zugang schwer, immer gab es etwas zu erzählen.

Als Grete im Jahr 2000 starb, vermachte sie mir das Wohnrecht in ihrer kleinen, aber bis ins kleinste Detail konzipierten Genossenschaftswohnung, in die ich 2002 einzog. Vieles hat sich seither geändert, die Küche ist neu ausgestattet, die Wandflächen mit Büchern sind angewachsen, aber die Weitläufigkeit trotz der geringen Quadratmeteranzahl (56 m^2), auch die Lichtführung und Effizienz der Raumnutzung sind mir geblieben.

Abb. 9: Blechturmgasse 27, 1899

Blechturmgasse 27, 5. Bezirk

1

1897–1914

Die Familie Lihotzky lebte in einem Haus in der Blechturmgasse im fünften Wiener Gemeindebezirk, das im Besitz von Rudolf Bode, Gretes Großvater, stand. Mit ihm im Haus lebte seine Tochter Julie mit ihrem Mann Erwin Lihotzky sowie den Töchtern Grete und der um vier Jahre älteren Adele.

1914 musste die Familie aus dem Haus ausziehen. Michael Stransky: »Das Haus haben sie dann verlassen müssen, weil der Bode es in Kriegsanleihen angelegt hat und die dann schnell nichts mehr wert waren. Während des Ersten Weltkrieges haben sie es dann aufgeben müssen.«[10]

Im Zweiten Weltkrieg wurde das Haus zerstört. Noch in den 1940er Jahren entstand auf dem Grundstück ein Wohnbau der Stadt Wien.

10 Interview von Christine Zwingl, Wien, Sommer 2019.

Abb. 10: Hamburgerstraße 14/Ecke Steggasse

Hamburgerstraße 14, 5. Bezirk 2

1914–1926, 1940–41, 1945–1969

1914 übersiedelt die Familie Lihotzky, die Eltern Erwin und Julie mit ihren Töchtern Grete und Adele, in die Wohnung in der Hamburgerstraße. Sie wohnten in der Eckwohnung im Mezzanin des Hauses. Die Eltern erkrankten an Tuberkulose und starben, der Vater 1923, die Mutter 1924. Die beiden Schwestern Grete und Adele bewohnten weiterhin die Wohnung.

Während ihrer Auslandsaufenthalte hatte Grete ständig Kontakt mit ihrer Schwester und besuchte sie öfters in der Wiener Wohnung. Im Winter 1940/41 wohnte Margarete während ihres Wienbesuches aufgrund des konspirativen Auftrags bis zu ihrer Gefangennahme bei ihrer Schwester.

Nach Kriegsende kam sie im September 1945 wieder nach Wien und fand das Haus weitgehend unbeschädigt vor. Anfang 1947 zogen Margarete und ihr Mann Wilhelm Schütte in die Wiener Wohnung ein und bauten hier das gemeinsame Architekturbüro auf.[11] Nach der Trennung des Paares 1951 lebte Margarete hier allein und führte das Büro weiter.

11 Adele und ihr Mann Hans Hanakam übersiedelten 1948 nach Radstadt in das nach Gretes Planung errichtete Einfamilienhaus Bürgerbergstraße 3. Das Haus steht unter Denkmalschutz.

Abb. 11: Blick zur Dachterrassenwohnung im Haus Franzensgasse 16

Franzensgasse 16, 5. Bezirk

3

1969–2000

Das neu errichtete Wohnhaus der Gemeinnützigen Siedlungsgesellschaft Aichfeld, planender Architekt war Kurt Hlawenicka, wurde Ende des Jahres 1969 fertiggestellt. Im Dachgeschoß des Hauses hatte Margarete Schütte-Lihotzky ihre Wohnung mit Dachgarten gefunden, wohin sie 1970 übersiedelte. Sie verbrachte hier dreißig gute, gesunde Jahre bis zu ihrem Tod.

Die Architektin plante die Wohnung mit circa 56 m² Wohnfläche und richtete sie ihren Bedürfnissen entsprechend ein. Die 33 m² große Dachterrasse, die den Wohnräumen vorgelagert ist, ermöglicht über eine lange Zeit des Jahres den direkten Aufenthalt im Freien. Diese einfache Form der Naherholung verstärkt Gesundheit und Wohlbefinden und hat, wie Margarete Schütte-Lihotzky meinte, sicher ihr Leben verlängert.

Ergänzend organisierte sie, dass in der direkt angrenzenden Kleinwohnung im Bedarfsfall eine Betreuungsperson leben sollte. Tatsächlich wohnten in dieser Kleinwohnung meist Studierende, die in den letzten Lebensjahren Margarete Schütte-Lihotzkys viel zur Lebendigkeit ihres Alltags beigetragen haben.

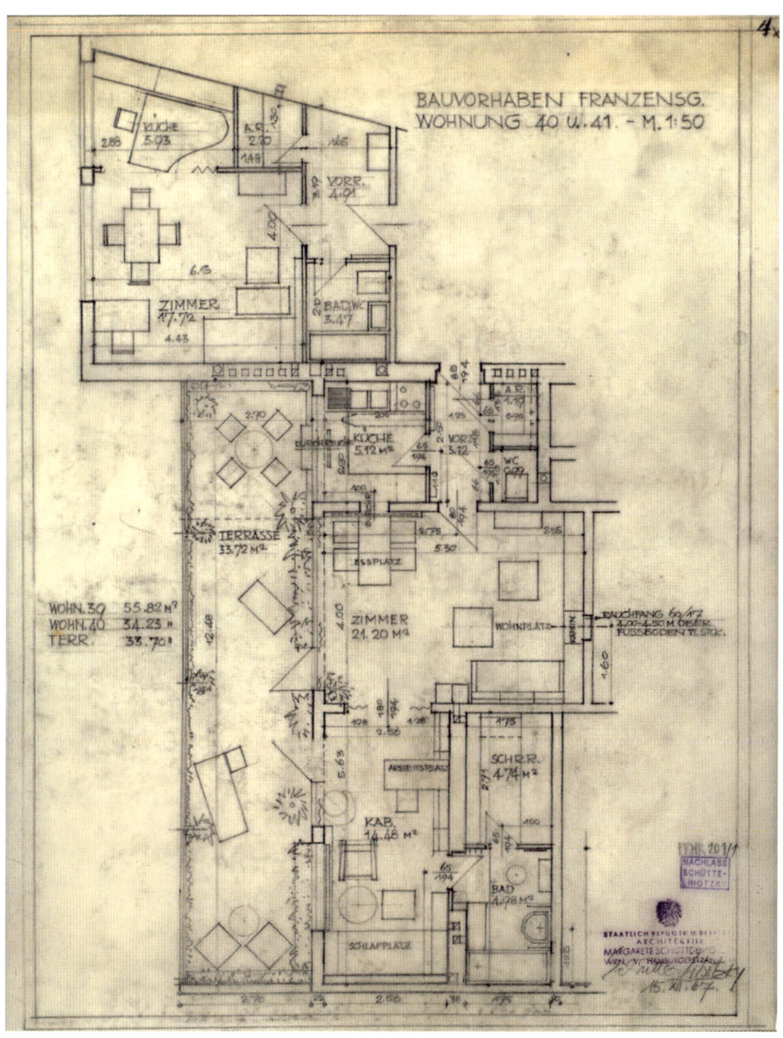

Abb. 12: Grundriss der Wohnung und der angrenzenden Kleinwohnung in der Franzensgasse 16, Bleistiftzeichnung von Margarete Schütte-Lihotzky, 1967

Abb. 13: Grete Lihotzky als Schülerin der k. k. Graphischen Lehr- und Versuchsanstalt, 1914/15

2. Ausbildung 1913–1919

BERNADETTE REINHOLD

»Fräulein Lihotzky ist sehr begabt ...« Zur Schul- und Studienzeit einer künftigen Architektin

»Bis zum fünfzehnten Lebensjahr hatte ich nur eine Volks- und Bürgerschule besucht – keine Mittelschule, keine Reifeprüfung, keine weitere Allgemeinbildung.«[1] Mit diesen Worten beginnt Margarete Schütte-Lihotzky ihre Erinnerungen, die posthum unter dem Titel »Warum ich Architektin wurde« erschienen. Sie umreißen das Schicksal der meisten Mädchen ihrer Generation aus gutbürgerlichen Familien. Sie sollten eine schulische Grundausbildung, daneben vielleicht noch Musik- und Kunstunterricht genießen und letztendlich ihre Bestimmung als Ehefrau und Mutter finden. Die Geschlechterrollen waren starr definiert, auch wenn durch die sozioökonomischen Veränderungen im 19. Jahrhundert die Notwendigkeit der Frauenerwerbsarbeit längst auch in bürgerlichen Kreisen gegeben war. Die Vorbereitung auf ein Berufsleben widersprach aber den Konventionen, galt als »unschicklich« und entsprach nicht der allgemeinen Vorstellung, dass Frauen »naturbedingt« gegenüber Männern körperlich, emotional und vor allem geistig unterlegen seien.

Margarete Lihotzky wurde 1897 in Wien als Tochter eines österreichischen Staatsbeamten geboren. Das Elternhaus war musisch, offen und liberal eingestellt. Mehrfach beschreibt Schütte-Lihotzky ihren Vater als Kriegsgegner und ihre Mutter, die nach dem Ersten Weltkrieg als Sozialarbeiterin für das Jugendgericht arbeitete, als vielseitig interessiert und engagiert.[2] Vor diesem Hintergrund wundert es nicht, dass

1 Margarete Schütte-Lihotzky: Warum ich Architektin wurde, Hg. Karin Zogmayer, Salzburg 2004, S. 13.

2 Vgl. Kapitel 1. Ulrike Jenni: Margaretes Wohnungen in Wien sowie das Interview »Jetzt bin ich Persona grata«: Im Juni 1984 sprach Chup Friemert mit Margarete

die Familie Lihotzky Wert auf eine solide Ausbildung der beiden Töchter legte und diese nach ihren Talenten und Interessen förderte. Adele, die vier Jahre ältere Schwester, wurde Lehrerin, und auch für die jüngere Grete hatte man ursprünglich ähnliche Pläne. Generell waren die Bildungs- und Berufsbildungsmöglichkeiten von Mädchen und Frauen sehr beschränkt. So konnten sie erst ab 1896 (als Externe) die Reifeprüfung ablegen und ab 1897/98 an der Universität Wien studieren – nach den philosophischen Fächern folgten 1900 die medizinische, ab 1919 erst die juridische und die veterinär-medizinische Fakultät, zeitgleich mit der Hochschule für Bodenkultur und der Technischen Hochschule. Kurz: Weibliche Bildung war weitgehend privat, exklusiv und oft von fragwürdigem Niveau.

Als die später berühmte Architektin heranwuchs, waren die ersten Zeichen eines Wandels wahrzunehmen. Doch letztlich war es das wohlwollende Elternhaus, das Grete Lihotzky zu einer selbstbewussten jungen Frau heranwachsen ließ. Schon in der Schule wurde man auf ihr zeichnerisches Talent aufmerksam. Sie wollte nach der Schulzeit »sofort in die Kunstgewerbeschule [...], die erste Kunstschule im Land überhaupt«.[3] Dort hatte man schon ab der Gründung 1867 – wenn auch mit gewissen Einschränkungen – Frauen zum Studium zugelassen: ein bemerkenswerter Umstand, war doch das Feld der Kunst besonders restriktiv: So hatte die im 17. Jahrhundert gegründete Wiener Akademie der bildenden Künste als patriarchales Bollwerk erst 1920/21 Studentinnen aufgenommen.[4] Doch Gretes Gesundheitszustand erschien den Eltern zunächst zu fragil, sodass sie ein Jahr lang Privatunterricht bei einem Maler namens Maierhofer nahm.

Schütte-Lihotzky in Wien, in: Margarete Schütte-Lihotzky, Erinnerungen aus dem Widerstand, Hg. Chup Friemert, Hamburg 1985, S. 9.

3 Schütte-Lihotzky: Erinnerungen, 1985, S. 11.

4 Vgl. Barbara Doser: Das Frauenstudium in Österreich 1870–1935, Diss. Univ. Innsbruck 1988; Sabine Plakolm-Forsthuber: Künstlerinnen in Österreich 1897–1938. Malerei – Plastik – Architektur, Wien 1994.

»Mich hat alles brennend interessiert«: Auf der k.k. Graphischen Lehr- und Versuchsanstalt (1913–1915)

Der Berufswunsch der damals 16-Jährigen war noch diffus, doch eine mehr oder weniger künstlerische Richtung war vorgezeichnet. Die Eltern hatten ihr nahegelegt, die k. k. Graphische Lehr- und Versuchsanstalt zu besuchen, welche nicht so fordernd wie ein Studium erschien. In ihren Erinnerungen fasste Schütte-Lihotzky lapidar zusammen:

> »[...] dann zwei Jahre Besuch der Graphischen Lehr- und Versuchsanstalt in Wien mit Kopf-, Akt- und ornamentalem Zeichnen. Als ein künstlerisch völlig unverbildetes Wesen nahm ich alles, was mir begegnete, zwar aufgeschlossen, doch kritiklos in mich auf.«[5]

An anderer Stelle erwähnte sie noch, dass sie verschiedene Druckverfahren, darunter das Lithographieren, gelernt und sie »alles brennend interessiert« hatte.[6]

Die sogenannte Graphische wurde 1888 von Josef Maria Eder als innovative Einrichtung gegründet, die sich den neuesten Reproduktionstechniken, vor allem photographischen Verfahren, verschrieben hatte. Bis in die 1960er Jahre hatte sie ihren Standort in der Westbahnstraße 25 im siebenten Wiener Gemeindebezirk, im historistischen Bau der ehemaligen Schottenfelder Realschule. Die Schule erweiterte ihr Lehrangebot ständig um neue Druck- und Reprotechniken und fand enormen Zuspruch. Auch namhafte KünstlerInnen wie etwa Koloman Moser, Tina Blau oder Luigi Kasimir ließen hier druckgraphische Arbeiten realisieren. Schülerinnen waren offiziell zwar erst ab 1908/09 zugelassen, es finden sich aber schon ab der Gründung viele außerordentliche Schülerinnen in den Klassenkatalogen. Für viele wurde die Möglichkeit einer spezifischen Berufsausbildung als Gebrauchsgrafikerin in der florie-

5 Schütte-Lihotzky: Warum ich Architektin wurde, 2004, S. 13.
6 Schütte-Lihotzky: Erinnerungen, 1985, S. 11.

Abb. 14: Naturstudien an der k. k. Graphischen Lehr- und Versuchsanstalt, 1915

renden Werbebranche zu einer Option.[7] Ab der Zulassung von Frauen stieg der Schülerinnen-Anteil in kurzer Zeit von einem Viertel (1908/09) auf fast die Hälfte (1918).[8]

Grete besuchte vom Wintersemester 1913/14 bis inklusive Sommersemester 1915 als außerordentliche Schülerin die Graphische, absolvierte die Fächer Freihandzeichnen, Lithographisches Zeichnen und Kunstgeschichte und belegte in der I. Sektion (Lehranstalt für Photographie und Reproduktionsverfahren) den 1. Kurs im ersten sowie (wiederholend) im zweiten Schuljahr.[9] Danach schien die Zeit endlich reif für ein Studium an der Kunstgewerbeschule.

Die prägenden Studienjahre an der Kunstgewerbeschule (1915–1919)

Mitten im Ersten Weltkrieg, im Herbst 1915, erfüllte sich für Margarete Lihotzky der langersehnte Wunsch, Studentin der Kunstgewerbeschule,

7 Vgl. Ernestine Bennersdorfer, Ingrid Zeman: Die erste Generation Gebrauchsgraphikerinnen in Österreich 1882–1918/19, Projekt von arte 2000, Wien 2002, v. a. S. 19–24.

8 Veronika Pfolz: Wissenschaftlicher Exkurs, in: 100 Jahre Graphik-Design an der Graphischen, Hg. Elisabeth al Chihade/Höhere Graphische Bundes-Lehr- und Versuchsanstalt, Wien 2007, S. 8–27, hier S. 13.

9 SchülerInnenverzeichnis 1913/14, 1914/15 der k. k. Graphischen Lehr- und Versuchsanstalt Wien. Für die Informationen und Unterstützung bei der Recherche danke ich dem Archivar und Sammlungsleiter der Graphischen Klaus Walder.

der heutigen Universität für angewandte Kunst Wien, zu werden. Hier hatte sie, wie sie bis ins hohe Alter nicht müde wurde zu betonen, die wesentlichen Kenntnisse erworben, aber auch Werte und Grundhaltungen, die für ihre spätere Arbeit als Architektin wichtig waren. Sie wurden von Persönlichkeiten vermittelt, von denen Schütte-Lihotzky stets mit größter Wertschätzung sprach und denen sie in ihren Erinnerungen viel Raum gab.

Doch zunächst musste gemeinsam mit zweihundert MitbewerberInnen die Hürde der Aufnahmeprüfung genommen werden. Nur vierzig von ihnen wurden ausgewählt. Ursprünglich dem 1863 gegründeten Österreichischen Museum für Kunst und Industrie (heute: MAK, Museum für angewandte Kunst) zugeordnet, wollte man in dieser Schule die Produktgestaltung auf internationales Niveau bringen. Das Konzept ging auf, die Schule wuchs und erhielt mit dem von Heinrich von Ferstel im Stil der Neorenaissance errichteten Bau (1877) entsprechende Präsenz am Prachtboulevard der Ringstraße.

Die Kunstinstitution hatte sich wiederholt neu orientiert, und um 1900 fand mit einer grundlegenden Reform die Moderne Einzug. Mit der Berufung etwa von Josef Hoffmann, Koloman Moser, Bertold Löffler oder Franz Čižek wurde sie zu einem *der* internationalen Kunstzentren überhaupt.[10] Gretes Eltern wollten ihre Bewerbung unterstützen, indem sie ihre Kontakte zu Gustav Klimt geltend machten. Protektion schadet in Österreich nur dem, der sie nicht hat – so ein altes Bonmot. Klimt, selbst Absolvent der Kunstgewerbeschule, sollte für das Fräulein ein Empfehlungsschreiben an den Direktor, den bedeutenden Bühnenbildner Alfred Roller, schicken. Dem Schützling sowie seinem vermeintlichen Mentor war dies unangenehm, verständlich ist daher der Inhalt des letztlich zu spät eingetroffenen Briefleins: »Lieber Roller! Zu mei-

10 Vgl. Gottfried Fliedl: Kunst und Lehre am Beginn der Moderne. Die Wiener Kunstgewerbeschule 1867–1918, Wien 1986; Kunst: Anspruch und Gegenstand. Von der Kunstgewerbeschule zur Hochschule für angewandte Kunst in Wien 1918–1991, Redaktion: Erika Patka, Wien/Salzburg 1991; 150 Jahre Universität für angewandte Kunst Wien. Ästhetik der Veränderung, Hg. Gerald Bast, Anja Seipenbusch-Hufschmied, Patrick Werkner, Berlin/Boston 2017.

Abb. 15: Kunstgewerbeschule von außen (Ferstel-Trakt), ca. 1987

nem Leidwesen bin ich gezwungen, die Überbringerin dieses Schreibens Dir zu empfehlen. Bitte handle ganz nach Deinem Gutdünken. Dein Klimt.«[11]

Viel wesentlicher für die junge Grete Lihotzky war jedoch jener Mann, der sie in der Folge durch ihr gesamtes Studium begleiten und nachhaltig fördern sollte: der Architekt Oskar Strnad (1879–1935). Er leitete das Aufnahmeverfahren und in der Folge auch die Allgemeine Formenlehre, eine Vorbereitungsklasse, nach deren Abschluss (nach meist drei Jahren) man sich für eine Fachklasse entschied: (angewandte) Graphik, Malerei, Architektur, Bildhauerei, Keramik, Textil, Mode etc. In späten Erinnerungen beschreibt Schütte-Lihotzky ihre anfängliche Unsicherheit:

> »Für mich, die ich ein künstlerisch naives und unwissendes Geschöpf aus bürgerlich-halbintellektuellen Kreisen war, gab es zur Zeit, als ich an die Schule kam, kein Kriterium über Formen als: Das gefällt mir oder das gefällt mir nicht.«[12]

Doch Strnad, einer der wichtigsten, bis heute leider immer noch viel zu wenig bekannten Architekten der Zeit, brachte seinen Studieren-

11 Schütte-Lihotzky, Warum ich Architektin wurde, 2004, S. 15.
12 Ebd. S. 17.

Abb. 16: Margarete Lihotzky mit StudienkollegInnen der Kunstgewerbeschule am Stubenring, 1919

den nahe, dass Formgebung eine Frage der Technik, des Materials und der Funktion sei, deren gesellschaftlicher und wirtschaftlicher Kontext mitzubeachten sei. Für die junge Studentin öffnete sich ein Kosmos des Wissens, der ihre Neugierde und ihren Arbeitseifer schürte. So findet man in ihren Zeugnissen in quasi allen Fächern nur die besten Noten.[13]

Das Arbeitsklima war offensichtlich sehr anregend und amikal, wie auf einem Foto zu sehen ist, das Grete Lihotzky im Kreis von StudienfreundInnen zeigt.

Zu ihren KollegInnen zählten etwa der Bildhauer Franz Santifaller, der Maler Otto Rudolf Schatz, die Grafikerin Hertha Ramsauer, die Keramikkünstlerin Vally Wieselthier, die Architekten Hans Adolf Vetter und Gabriel Guevrekian (armenischer Herkunft, aufgewachsen im damaligen Persien), aber auch Eleonore »Nora« Zuckerkandl (Stiasny), die spätere Teilhaberin des von Josef Hoffmann erbauten Sanatoriums

13 Klassenkataloge der Jahrgänge 1915/16–1918/19, Archiv der Universität für angewandte Kunst Wien. Mein Dank an dieser Stelle gilt der Archivleiterin Silvia Herkt.

Purkersdorf, sowie Erich Lederer, der Sohn bekannter Kunstsammler, der vielfach von Egon Schiele porträtiert wurde.

Doch in den Studienjahren, wenn auch inmitten des Kriegs, waren die Schatten der späteren Geschichte noch nicht zu erahnen. Was zählte, waren die vielfältigen Lehrinhalte und Methoden und die produktive Atmosphäre. Wichtige Impulse erhielt die junge Lihotzky zweifellos in den Klassen von Rudolf von Larisch, dem Doyen der Schriftgestaltung, von Anton von Kenner (Stilgeschichte) und von dem schon erwähnten Franz Čižek, der die Studierenden neben der progressiven Jugendkunstklasse im Fach Ornamentale Formenlehre mit den internationalen Kunsttendenzen vertraut machte.

Jeder Millimeter macht Sinn

Von zentraler Bedeutung für die junge Grete Lihotzky war aber unangefochten Oskar Strnad:

»Im Zimmer neben unserer Vorbereitungsklasse lag der Raum der Strnad'schen Fachklasse für Architektur. Vom ersten Tag an steckte ich meinen Kopf da hinein und sah fasziniert Baupläne an. Nach all dem ›freien Zeichnen‹ von Akten und Köpfen und sinnlosen Ornamenten in der Graphischen Lehr- und Versuchsanstalt erkannte ich, dass bei dem Plan eines Hauses oder einer Baukonstruktion jedes Strichelchen, jeder Millimeter Sinn und Bedeutung hat und Verantwortung trägt [...] in der Architektur, die den Menschen täglich umgibt und sein Wohlbefinden, sein Glücksgefühl mindern oder steigern kann.«

Und weiter: »Nach einem halben Jahr Vorbereitungsklasse erklärte ich Strnad, ich wolle Architektin werden.«[14] Die Begeisterung im Umfeld hielt sich jedoch in Grenzen: Der Professor hielt es für einen kurzfristigen Spleen und auch der Vater und der Großvater waren dagegen: »Nicht weil sie so reaktionär waren, sondern weil sie geglaubt haben, ich werde dabei verhungern, kein Mensch wird sich von einer Frau

14 Schütte-Lihotzky: Warum ich Architektin wurde, 2004, S. 20.

ein Haus bauen lassen.«[15] Wie skeptisch ein Großteil der Zeitgenossen Architektinnen gegenüberstand, demonstriert die Architekturklasse Josef Hoffmanns. Dieser nahm, so Schütte-Lihotzky, Mädchen nur in seiner Modeklasse auf mit dem Argument: »Die heiraten sowieso, und dann hören sie mit dem Architektsein auf. Das lohnt nicht der Mühe.«[16]

Strnad hingegen unternahm – nachdem Grete unerbittlich bei ihrer Entscheidung blieb – alles, um die angehende Architektin bestmöglich zu fördern und mit teils speziellen Aufgaben zu fordern. Im Klassenkatalog wurde notiert, womit sich die Studierenden befasst hatten: Im Studienjahr 1917/18 wurde bei Margarete Lihotzky »Entwerfen und größere Bauaufgaben und Detaillieren von solchen Arbeiten«, im Folgejahr »Hausbau, Möbel, Entwurf, Detail« vermerkt. Ihre künftigen Arbeitsfelder wurden somit schon damals vorbereitet. Doch der Weg dorthin war intensiv und teils unkonventionell: Wochenlang etwa ließ Strnad sie aus einem Gipsblock ein Gesimse schneiden, was sie den Respekt vor dem Material und dem Handwerk lehren sollte. Letzteres war im Baugewerbe damals noch von großer Bedeutung und Kern der Lehre Heinrich Tessenows, der von 1913 bis 1919 Baukonstruktion unterrichtete. Er plädierte für die Besinnung auf das Wesentliche in der Konstruktion (»Keine Angst vor Einfachheit«), die sich nicht in technoiden oder kaprizierten Formalismen ergehen sollte, sondern das geben sollte, was tatsächlich gebraucht wurde. Die Architektur, die Konstruktion sollten, so das Credo Tessenows, im Dienste des Menschen stehen. Wohnbau galt ihm, so Schütte-Lihotzky, als zutiefst soziale Aufgabe.[17] An ihrem gesamten Œuvre wird deutlich, welchen nachhaltigen Eindruck die humanistische Haltung des besonnenen norddeutschen Lehrers auf die angehende Architektin machte.

So anders war das Naturell und auch die Art der Vermittlung bei Strnad, der Grete Lihotzky anhand seiner Villa für den Schriftsteller Jakob Wassermann verdeutlichte, was einen geglückten Grundriss aus-

15 Schütte-Lihotzky: Erinnerungen, 1985, S. 13.

16 Schütte-Lihotzky: Warum ich Architektin wurde, 2004, S. 28.

17 Ebenda, S. 29f.

macht, wie man den Innenraum zum alltagstauglichen Erlebnis werden lässt und Architektur und Natur (Haus und Garten) zum Verschmelzen bringt. Im Sommer 1917 arbeitete Grete im Atelier des Lehrers, der – in Ermangelung von Bauaufträgen – vor allem als erfindungsreicher Theatergestalter bekannt war. Die Entwicklung eines Dreibühnentheaters von der Skizze über den Plan für den Tischler bzw. Modellbauer bis zur Realisierung, begleitet von intensiven Gesprächen mit dem legendären Regisseur Max Reinhardt, beeinflusste, wie sie später festhielt, ihre Beziehung zum Theater für das ganze Leben.

Fantasie, mehr noch: den Kopf für neue, visionäre Ideen frei zu halten, war die Voraussetzung für das Projekt eines Kulturpalastes, der gleich nach Kriegsende 1918 von dem mit Strnad befreundeten Geographen und Kulturhistoriker Erwin Hanslik initiiert wurde.[18] Als Ersatz für die üblichen Kriegerdenkmäler sollte in den (transnationalen, also antinationalistischen) Austausch der verschiedenen Kulturen investiert werden und ein multifunktionaler Rahmen geschaffen werden. Das idealistische »Luftprojekt« wurde zur Hauptaufgabe des letzten Studienjahres als Hospitantin und brachte der angehenden Architektin den prestigereichen, erstmals an eine Frau verliehenen Lobmeyr-Preis ein.

Zum endgültigen Entschluss, tatsächlich den Beruf Architekt zu ergreifen, verhalf ein Wettbewerb für »Arbeiterwohnungen«, an dem Lihotzky teilnehmen wollte. Letztlich sollte sie sogar für ihr Projekt »Eine Wohnküche in der äußeren Vorstadt« im Juni 1917 den Max Mauthnerschen Preis erhalten.[19] Doch zunächst hatte sie Strnad zu einem folgenreichen Schritt aufgefordert: »Gut. Aber bevor Sie damit anfangen, gehen Sie hinaus in die Arbeiterbezirke und sehen Sie sich an, wie die Arbeiter bei uns heute wirklich wohnen und leben.« Fernab der eigenen Lebenswelt entdeckte sie, in welcher unvorstellbaren Not ein Großteil der Wiener ArbeiterInnen leben musste. Auch wenn ihr die

18 Ebenda, S. 23–26.

19 Dekret zur Verleihung des Max Mauthner-Preises an Margarete Lihotzky, Wien, 21. Juni 1917, UaK NL MSL, Inv.Nr. Q/6.

politisch-ökonomischen Gründe dafür noch unklar waren, so wurde schlagartig ihr Wunsch, ihre Berufung deutlich, ihren Beitrag zur Verbesserung der Wohn- bzw. Lebensbedingungen dieser Menschen zu leisten.

Knapp und doch aussagekräftig ist das Gesamturteil über sie als Studierende im Jänner 1919 formuliert: »Fräulein Lihotzky ist sehr begabt, beherrscht ihr Fach sowohl technisch wie künstlerisch und ist eine verlässliche und tüchtige Arbeiterin.«[20] Die Zeit an der Kunstgewerbeschule, mehr noch in der Klasse von Oskar Strnad, hatte ihr wesentliche Kenntnisse und Prägungen für ihr Arbeitsleben gebracht und den Grundstein dafür gelegt, dass sie Architektin wurde.

20 Abgangszeugnis Frl. Margarete Lihotzky, Wien, 15. Jänner 1919, UaK NL MSL, Inv.Nr. Q/4.

Abb. 17: Schulgebäude der k. k. Graphischen Lehr- und Versuchsanstalt, Westbahnstraße 25, um 1910; Silbergelatinepapier

k. k. Graphische Lehr- und Versuchsanstalt, 7. Bezirk

4

Westbahnstraße 25, 1070 Wien (Standort bis 1967), abgebrochen, heute Höhere Graphische Bundes-Lehr- und Versuchsanstalt, Leyserstraße 6, 1140 Wien
1913–1915

Grete Lihotzky besuchte die Graphische Lehranstalt an ihrem damaligen Standort in der Westbahnstraße. Aus Platzmangel fiel in den 1960er Jahren die Entscheidung, das alte Schulhaus aufzugeben. Für die Schule wurde ein neues Gebäude in der Leyserstraße im 14. Bezirk errichtet, das 1968 eröffnet wurde.

In der Westbahnstraße 25 findet sich heute ein Wohn- und Geschäftshaus aus den 1970er Jahren.

Abb. 18: Universität für angewandte Kunst Wien (Ferstel-Trakt), Blick von der Ringstraße

k.k. Kunstgewerbeschule, 1. Bezirk 5

heute Universität für angewandte Kunst Wien
Oskar-Kokoschka-Platz 2, 1010 Wien
1915–1919

Das Gebäude der k. k. Kunstgewerbeschule an der Wiener Ringstraße wurde von Heinrich von Ferstel errichtet, der bereits den Museumsbau für das damalige Museum für Kunst und Industrie, heute Museum für angewandte Kunst - MAK, geschaffen hatte.

1877 wurde das Haus eröffnet, das bis heute als Hauptgebäude der Angewandten genutzt wird. Der Zubau Richtung Wienfluss und der Verbindungstrakt, 1965 eröffnet, entstanden nach der Planung von Karl Schwanzer.

Abb. 19: Grete Lihotzky, 1921

3. Die ersten Jahre in Wien – SiedlerInnenbewegung und Wohnbau 1919–1926

CHRISTINE ZWINGL

Der große soziale Aufbruch

Grete Lihotzky schloss 1919 ihr Studium an der Kunstgewerbeschule ab. Es war das erste Jahr der Ersten Republik in Österreich, in dem neue Gesetze wirksam wurden. Mit dem Wahlrecht für Frauen, das Frauen bei der Wahl zur Konstituierenden Nationalversammlung am 16. Februar 1919 erstmals ausübten, zogen die ersten Frauen ins Parlament ein (sieben sozialdemokratische und eine christlichsoziale). In der Folge wurde der Zutritt für Frauen zu allen Bildungsstätten geöffnet, auch zum Studium an der Technischen Hochschule Wien und damit der Zugang zum Architekturberuf.[1] Grete Lihotzky war eine der ersten Frauen in Wien, die in das Berufsfeld der Architektur einstiegen.

Der Geist der neuen Zeit, des sozialen Aufbruchs und Fortschritts war in der Stadt spürbar, als sie im November 1918 inmitten der riesigen Menschenmenge auf der Ringstraße vor dem Parlament gemeinsam mit ihrem Vater die Ausrufung der Ersten Republik erlebte. Für Vater Erwin Lihotzky, k. k. Staatsbeamter im Stadterneuerungsfonds, bedeutete das Ereignis die Pensionierung. Durch ihn kannte seine Tochter die Büros im obersten Geschoß der Neuen Hofburg. Da das Gebäude leer stand – es war zu diesem Zeitpunkt noch nicht fertiggestellt –, konnte sie einen Raum als Atelier übernehmen. Sie begann hier ihre selbständige Tätigkeit mit Entwürfen zu Einheitsmöbeln und Küchenstudien. So kam es, dass in den folgenden Jahren in diesem letzten imperialistischen Bauwerk der Monarchie eine junge Architektin an den Fragen des sozialen Wohnbaus, der SiedlerInnenbewegung und der Rationalisierung der Hauswirtschaft arbeitete.

Das Wohnungselend in der Stadt, Missstände und große soziale Aufgaben aufgrund weit verbreiteter Not in der Bevölkerung lernte sie

1 Vgl. Kapitel 2. Bernadette Reinhold: »Fräulein Lihotzky ist sehr begabt …«.

bereits als Studentin während ihrer Zeit an der Kunstgewerbeschule kennen.[2]

Um die große Hungersnot in Wien zu lindern, wurden Wiener Kinder für einige Monate in Holland aufgenommen, wo kein Krieg herrschte und die Ernährungslage gut war. Grete Lihotzky konnte als Betreuerin gemeinsam mit ihrer Schwester Adele einen Kindertransport nach Rotterdam begleiten. Sie blieb ein halbes Jahr, gab Kindern Zeichenunterricht, arbeitete nachmittags in einem Architekturbüro und lernte den holländischen Wohn- und Städtebau kennen, das Wohnen im Reihenhaus. Diese Erfahrung bildete eine wesentliche Grundlage für ihre Arbeit in der Wiener SiedlerInnenbewegung.

In Wien entstanden schon während des Ersten Weltkrieges wilde Siedlungen. Aus purer Not bauten Menschen einfachste Hütten und nahmen Boden am Stadtrand in Besitz. Siedlungsgenossenschaften wurden gegründet, mit Selbstorganisation und Eigenleistungen entstand eine Bewegung »von unten«. Ab 1919 verfügte die Sozialdemokratische Arbeiterpartei in Wien über eine deutliche Mehrheit und begann organisatorische und strukturelle Maßnahmen für die SiedlerInnen umzusetzen.

Im Sommer 1920, zurück in Wien, nahm Grete Lihotzky an einem Wettbewerb für eine Kleingarten- und Siedlungsanlage auf dem Schafberg teil mit einem Projekt, das sie gemeinsam mit dem Gartenarchitekten Alois Berger entwarf. Dieses landete auf dem vierten Platz und erhielt die Anerkennung für die beste Lösung der Baulichkeiten. Das Erstaunen der Jury war groß, als diese erkannte, dass gerade dieses systematische Projekt von einer Frau entworfen worden war. Für Grete Lihotzky entstanden erste Kontakte zur SiedlerInnenbewegung, zu Max Ermers, damals Wiener Siedlungsreferent, der das Siedlungsamt der Stadt aufbaute. Und sie lernte den Architekten Adolf Loos kennen, der zu dieser Zeit als Chefarchitekt des Siedlungsamtes tätig war.[3] Loos war

2 Vgl. ebenda über den Wettbewerb für Arbeiterwohnungen.

3 Vgl. Christine Zwingl: Die ersten Jahre in Wien, in: Renate Allmayer-Beck, Susanne Baumgartner-Haindl u. a., Hg. Peter Noever, MAK: Margarete Schütte-Lihotzky. So-

ein erfahrener und angesehener Architekt in Wien, der die Bedeutung der Siedlungsbewegung erkannt hatte und diese unterstützte.

Ab Anfang 1921 arbeitete Grete Lihotzky für die Erste gemeinnützige Siedlungsgenossenschaft der Kriegsinvaliden Österreichs an der Planung der Siedlung Friedensstadt beim Lainzer Tiergarten. Gemeinsam mit Adolf Loos war sie von Februar bis Anfang Mai 1921 im Baubüro in der Hermesstraße tätig. Loos schätzte die Erfahrung der jungen Architektin mit dem holländischen Siedlungsbau. Im Zeugnis, das er für sie ausstellte, schrieb er:

»Sie hatte reiche Kenntnisse im Ausland erworben. ... Ich kann Frl. Lihotzky, die auch durch ihren Fleiß und Genauigkeit viele ihrer männlichen Kollegen in den Schatten stellt, auf das Angelegentlichste jedermann empfehlen.«[4]

Margarete Schütte-Lihotzky beschreibt Loos als feinen, eleganten Herrn, mit dem sich eine freundschaftliche Zusammenarbeit entwickelte. Bei einer der großen Demonstration der Wiener SiedlerInnen auf der Ringstraße standen Loos und Lihotzky nebeneinander auf einer Tribüne vor dem Parlament.[5] Die junge Architektin Grete Lihotzky sammelte lehrreiche Erfahrungen in dieser Zeit. Sie beschreibt offene Gespräche der beiden zu Planungsfragen und auch, dass sie dabei ihre Eigenständigkeit behielt. Zum Thema der Stiege im Siedlungshaus etwa fand Loos, die Stiege müsse aus dem Wohnraum in das Obergeschoß führen, damit ein zusammenhängender Wohnorganismus erhalten bleibt. Grete Lihotzky dagegen meinte, dann steige die ganze Wärme in die oberen Räume und

ziale Architektur – Zeitzeugin eines Jahrhunderts, Ausstellungskatalog, MAK – Museum für angewandte Kunst Wien, 2. Auflage, Wien/Köln/Weimar 1996, S. 20.

4 Zitat aus dem Zeugnis von Architekt Adolf Loos über die Mitarbeit im Baubüro der Lainzer Siedlung im Februar, März, April 1921, vom 1. 5. 1921, Archiv UaK, NL MSL Inv.Nr. Q/10.

5 Margarete Schütte-Lihotzky: Gedanken über Adolf Loos, in: Bauwelt, Berlin BRD, 42/1981, S. 1872–1876.

die SiedlerInnen hätten nicht genug Geld für so viel Brennstoff.[6] An der Entwicklung der Grundrissplanungen ihrer Siedlerhäuser wird ablesbar, dass sie ihre Haltung umsetzte.[7]

In den folgenden Monaten arbeitete sie an eigenständigen Entwürfen zu Häusern für die Siedlungen Heuberg und Hirschstetten. Bei Architekt Ernst Egli konnte sie Haustypen und ein Kinderheim für die Siedlung Eden planen, die am Rande des Wienerwaldes im 14. Bezirk entstand. Noch heute sind die Steinhäuser beeindruckend, die aus dem Material eines nahegelegenen Steinbruchs gemauert wurden.

Grete Lihotzky beschäftigte sich grundsätzlich mit Wohnungs- und Siedlungsfragen. Damit die SiedlerInnen möglichst rasch eine leistbare Behausung auf dem eigenen Grundstück schaffen konnten, entwickelte sie die Siedlerhütten. Das waren kleinste Einheiten, die schnell errichtet und später erweitert oder in das Siedlerhaus integriert werden konnten.

Diese Minimalgrundrisse erforderten eine Einrichtung, die sorgfältig zu planen und dem Raum anzupassen war. Grete Lihotzky setzte in ihren Entwürfen die Raumnutzungen konsequent um und plante für die Arbeit im Haushalt die ersten Kochnischeneinrichtungen.

Als im Frühjahr 1921 Architekt Ernst May aus Breslau in Wien zu Besuch war, um die neuen Wiener Siedlungen zu besichtigen, wurde die junge Architektin gebeten, den Gast zu den ersten Siedlungsbauten zu führen. Sie führte ihn auch in ihr Büro in der Hofburg, wo sie ihre eigenständigen Arbeiten zeigte, darunter ihre Überlegungen zur Rationalisierung der Hauswirtschaft. Daraufhin lud Ernst May sie ein, darüber für die Zeitschrift, die er in Breslau herausgab, zu schreiben. Grete Lihotzky verfasste ihren ersten Artikel, der im August 1921 im *Schlesischen Heim* in Breslau erschien. Er enthielt ihre grundlegenden Ge-

6 Vgl. ebenda S. 1874; Margarete Schütte-Lihotzky: Warum ich Architektin wurde, 2004, S. 54.

7 Vgl. dazu die Projekte 21, 22, 27, 34, in: Soziale Architektur, 1996, S. 46–58, und Christine Zwingl: Margarete Schütte-Lihotzky – Spuren und Wirkungen – Schwerpunkt: Wohnbau in Wien, Bericht zum MSL Projektstipendium, Wien 2015.

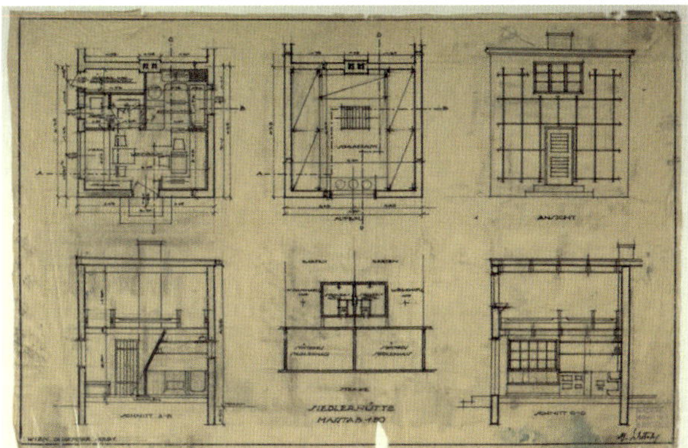

Abb. 20: Plan einer Siedlerhütte, Dezember 1921, Tusche auf Transparent

danken zum Wohnbau, zur Organisation und Rationalisierung.[8] In den folgenden Jahren publizierte sie weitere fünf Artikel in dieser Zeitschrift.

Ab Februar 1922 war sie im Baubüro des Österreichischen Verbandes für Siedlungs- und Kleingartenwesen (ÖVSK) angestellt, einem Zusammenschluss des Hauptverbandes für Siedlungswesen und der zahlreichen Kleingärtner- und Siedlergenossenschaften. Generalsekretär des Verbandes war Otto Neurath, Nationalökonom, Sozialist, Mitglied des Wiener Kreises – eine beeindruckende Gestalt.[9] Durch die Arbeit trafen Grete und er regelmäßig aufeinander, eine Freundschaft und enge Beziehung entstand.[10] Sie beschreibt, wie sie Neurath 1924 begleitete, um Unterschriften zur Unterstützung der Gründung des Gesellschafts- und Wirtschaftsmuseums einzuholen.[11]

Im Baubüro des Verbandes erhielten die SiedlerInnen Beratung zu allen Fragen des Siedelns, es wurden Pläne für gesamte Siedlungsanlagen und Baumethoden erstellt sowie Typen von Siedlerhäusern und Siedler-

8 Grete Lihotzky: Einiges über die Einrichtung österreichischer Häuser unter besonderer Berücksichtigung der Siedlungsbauten, in: Schlesisches Heim, Breslau, 8/1921, S. 217–222.

9 Der Wiener Kreis war eine Gruppe von Philosophen und Wissenschaftlern im Wien der Zwischenkriegszeit.

10 Vgl. Schütte-Lihotzky: Warum ich Architektin wurde, 2004, S. 79–83.

11 Das Österreichisches Gesellschafts- und Wirtschaftsmuseum kann heute an der Adresse Vogelsanggasse 36, 1050 Wien, besucht werden.

hütten geplant. Auch Vorträge im Rahmen der Siedlerschule gehörten zur Tätigkeit der jungen Architektin, ihr Thema war die Einrichtung des Siedlerhauses. Sie arbeitete intensiv an ihren Texten, wobei ihr Vater sie unterstützte und Vorträge minutiös mit ihr probte.

Auf Grete Lihotzkys Initiative hin entstand die Warentreuhand, eine Beratungsstelle für Wohnungseinrichtung, die dem Baubüro angegliedert wurde. Möbel, passend für die Räume der Siedlerhäuser, wurden entwickelt und in Serienproduktionen durch Verträge mit Herstellerfirmen günstig angeboten. Sie schrieb darüber:

> »Was Wiener Werkstätte und Österr. Werkbund neben anderen seinerzeit mit anstrebten, wird vielleicht möglich sein, in dieser Stelle endlich zu verwirklichen. (...) der Verband will durch seine Warentreuhand einen Einfluß auf die Wohnungseinrichtung ausüben, auch er führt den Kampf gegen Möbelschund und Kitsch. (...) er geht darauf aus, das allgemeine Wohnniveau, vor allem der Arbeiterschaft, welche geringere Tradition, daher geringere Vorurteile als das Bürgertum hat, zu heben.«[12]

Aus der Idee der Siedlerhütte entstand das Kernhaus: ein Minimalhaus, das planmäßig auf dem Grundstück errichtet werden sollte und durch weitere Aus- und Zubauten zu einem vollständigen Siedlerhaus werden konnte. Grete Lihotzky entwickelte mehrere Kernhaustypen im Baubüro des ÖVSK, die im Rahmen der Kernhausaktion, gefördert durch Materialkredite der GESIBA, in verschiedenen Siedlungen gebaut wurden.[13]

In der Friedensstadt am Lainzer Tiergarten erinnert die Kernhausgasse an diese Aktion. Hier wurden einige Häuser nach diesem Konzept errichtet.

12 Grete Lihotzky: Beratungsstelle für Wohnungseinrichtung, in: Neue Wirtschaft, 31. 1. 1924, S. 12.

13 Die Gemeinwirtschaftliche Siedlungs- und Baustoffanstalt GESIBA wurde im August 1921 gegründet, Generaldirektor wurde Hermann Neubacher.

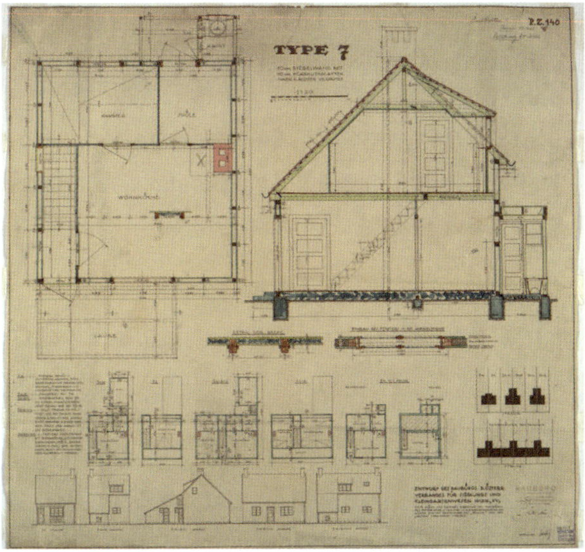

Abb. 21: Kernhaus Type 7

Die SiedlerInnenbewegung zeigte seit 1919 im September jeden Jahres ihre umfassende Tätigkeit und Stärke mit Ausstellungen im Rathaus. 1922 war erstmals die Einrichtung eines Siedlerhauses mit einer Wohnküche samt Kochnische in voller Größe aufgebaut und zu besichtigen, eine Planung von Grete Lihotzky. Ihre Rationalisierungsüberlegungen führten zur Spülkücheneinrichtung, ein Einrichtungselement, das aus Beton gegossen als Fertigteil hergestellt werden sollte.

Dafür beantragte sie im Dezember 1922 ein Musterschutzzertifikat und erhielt befürwortende Schreiben unterschiedlicher fachlicher Stellen. Als Ergänzung der Wohnküche war die Spülküche für alle Funktionen, die mit Wasser zu tun haben, konzipiert: Geschirrspülen, Gemüseputzen, Baden und Wäschewaschen. In der Wohnküche war der Herd das Zentrum, hier wurde gekocht und gegessen, und wenn es kalt wurde, diente der Herd gleichzeitig zur Beheizung des Hauses. Die Spülkücheneinrichtung der Wiener Siedlerhäuser war seinerzeit wohl ein aufsehenerregendes Objekt und kann als die erste rationelle Einbauküche bezeichnet werden.

Bei der großen Kleingarten-, Siedlungs- und Wohnbauausstellung 1923 wurden auf dem Rathausplatz mehrere Kernhäuser als Muster-

Abb. 22: Die Spülkücheneinrichtung – ein Fertigteil aus Beton, 1923

häuser samt Einrichtung im Maßstab 1:1 aufgebaut. Dabei waren Type 4 und Type 7 mit kompletter Einrichtung und der Spülküche, alles Planungen von Grete Lihotzky, zu sehen und zu begehen.

Für ihre erfolgreiche Arbeit an den Siedlungsausstellungen erhielt die junge Architektin öffentliche Anerkennung, 1922 die bronzene und 1923 die silberne Ehrenmedaille der Stadt Wien.[14]

1924 schrieb sie in dem Artikel »Die Zukunft der Arbeiterbezirke«:

> »Nun bricht nicht nur eine neue Bauperiode für Wien an. Es baut nicht mehr das Bürgertum, sondern die organisierte Arbeiterklasse. Es geht nicht darum, durch hohlen Schein das Schwinden einer machtvollen Vergangenheit zu verhüllen, es geht darum, große Zweckbauten auf sparsamste Weise im Geiste einer neuen Zeit zu errichten.«[15]

14 70 Jahre später, nach den politischen Ungeheuerlichkeiten des 20. Jahrhunderts und ihrem schweren persönlichen Schicksal, wird Margarete Schütte-Lihotzky 1992 die Ehrenmedaille der Stadt Wien in Gold verliehen.

15 Grete Lihotzky: Die Zukunft der Arbeiterbezirke, in: Die neue Wirtschaft, 31. 1. 1924, 2. Jg., S. 11. Sie tritt 1924 in die Sozialdemokratische Partei ein. Vgl. Kapitel 4. Elisabeth Holzinger: Gegen den Strom.

Abb. 23: Die Wohnküche im Kernhaus Type 7, Musterhaus mit Einrichtung auf der 5. Kleingarten-, Siedlungs- und Wohnbauausstellung auf dem Rathausplatz, 1923

Die sozialdemokratische Stadtregierung in Wien setzte wesentliche Schritte zur Verbesserung von Gesundheits-, Kultur- und Bildungseinrichtungen, Wohnbau und Infrastruktur. Die neue zweckgebundene Wohnbausteuer, die von Besitzenden eingehoben wurde und stark progressiv war (fast die Hälfte der Einnahmen stammte von einem halben Prozent der teuersten Mietverhältnisse), bildete die Grundlage zur Finanzierung des großen Wohnbauprogrammes. Am 21. 9. 1923 beschloss der Gemeinderat das Programm zum Bau von 25 000 Wohnungen in den folgenden Jahren in Form von Geschoßwohnungsbauten. Damit setzte die Errichtung der großen Wohnhöfe in vollem Umfang ein, Bauten wie der Metzleinstaler Hof, der Reumannhof und Superblocks wie der Rabenhof entstanden. Jedoch wurde gleichzeitig die Finanzierung der SiedlerInnenbewegung drastisch reduziert.

Die Wohnungen der Volkswohnhäuser wurden mit eigenem WC, fließendem Wasser und einem Gasherd in der Küche oder einer Kochnische ausgestattet, alle Räume waren direkt belichtet und belüftet.[16] Ergänzend erhielten die Anlagen vielfältige gemeinschaftliche Einrichtungen: Waschküchen, Baderäume, Kindergärten, Lebensmittel-

16 Dieses Planungskonzept stellte einen gewaltigen Fortschritt für die BewohnerInnen dar – im Vergleich zu der Masse an Wohnungen in Gründerzeitbauten mit Gangküchen, Wasser und WC am Gang.

geschäfte, Bibliotheken, Bildungs- und Gesundheitseinrichtungen, Vereinslokale und mehr.

Anfang 1924 wurde auf Anregung Otto Neuraths ein Auftrag für ein großes Volkswohnhaus an den ÖVSK und die »modernen« Architekten Wiens vergeben. Die Planung des Winarskyhofs im 20. Bezirk übernahmen Peter Behrens, Josef Hoffmann, Oskar Strnad, Josef Frank, Oskar Wlach, Adolf Loos sowie die ArchitektInnen des Baubüros, Grete Lihotzky und Franz Schuster, später folgte Karl Dirnhuber.[17] Die Gesamtanlage umfasst 760 Wohnungen und wurde nach dem städtebaulichen Entwurf Oskar Strnads realisiert.

Grete Lihotzkys Entwurf zeigt in der Erstfassung zwei Wohnungen pro Stiege und Geschoß und geschoßweise versetzte Terrassen. Sie versuchte, wesentliche Qualitäten der Siedlerhäuser in den Wohnungsbau zu transferieren, nämlich Querlüftung und eine Freifläche für jede Wohnung. Ausgeführt wurden schließlich Grundrisse mit vier Wohnungen je Geschoß an einem Stiegenhaus, was der Standardlösung entsprach. Realisieren konnte Grete Lihotzky jedoch die Loggien für jede Wohnung in ihrem Bauabschnitt. Dieser umfasst drei Stiegen in dem dreiseitigen Bauteil an der Winarskystraße, der 1954 nach dem Widerstandskämpfer Otto Haas benannt wurde.

Zeitgleich mit den beruflich erfolgreichen Jahren erlebte Grete Lihotzky familiär sehr schwere Zeiten. Ihre Eltern erkrankten an Tuberkulose, die in Wien in diesen Jahren als Volkskrankheit stark verbreitet war. Der Vater starb im Mai 1923, eineinhalb Jahre später ihre Mutter im November 1924. Auch sie selbst erkrankte und musste fast ein Jahr in der Lungenheilstätte Grimmenstein verbringen. Als es ihr etwas besser ging, machte ihr behandelnder Arzt den Vorschlag, sie solle sich mit einer Planungsaufgabe beschäftigen. Diese Idee griff sie auf und arbeitete an einem Entwurf für eine Siedlung für Lungenkranke. Eine umfassende Planung entstand, die auf der Hygieneausstellung im Messepalast Wien

17 Loos stieg aus der Planungsgruppe aus, nachdem sein Entwurf einer Terrassenhausanlage nicht angenommen wurde.

im Frühjahr 1925 im Rahmen des Beitrags des Gesellschafts- und Wirtschaftsmuseums ausgestellt war.[18]

Mitte 1925, als Grete Lihotzky nach Wien zurückkehrte, war das Baubüro des ÖVSK aufgelöst und ihre Anstellung damit beendet. Der Finanzierungstopp für den Siedlungsbau bedeutete auch das Aus für das Baubüro. Alle Mittel flossen in den großvolumigen Wohnbau.[19]

Die junge Architektin erhielt einen privaten Auftrag vom Direktor der GESIBA, Hermann Neubacher, zur Einrichtung eines Zimmers für seine Frau in der Familienvilla in Wien Gersthof. Grete Lihotzky kannte Neubacher von der Zusammenarbeit des Baubüros des ÖVSK mit der GESIBA.[20] Die Zimmereinrichtung wurde noch 1925 fertiggestellt. Sie veröffentlichte das Projekt mit Plan und Fotos und ihre grundlegenden Gedanken mit dem Titel »Das vorgebaute raumangepasste Möbel« wieder im *Schlesischen Heim*. Der Artikel erschien im Juli 1926.[21]

Zu diesem Zeitpunkt lebte Grete Lihotzky bereits seit sechs Monaten in Frankfurt am Main. Sie arbeitete am Hochbauamt der Stadt – dorthin hatte sie Ernst May, der Stadtbaurat in Frankfurt geworden war, berufen. Sie war dort in der Typisierungsabteilung tätig. Hier ent-

18 Das Wiener Museumsquartier, der Gebäudekomplex der ehemaligen Hofstallungen der Wiener Hofburg, wurde von 1921 bis in die 1970er Jahre als Messepalast bezeichnet und genutzt.

19 Der Anteil der Siedlungshäuser am Wohnbau ging sehr schnell stark zurück: Betrug er 1921 noch 54,9 %, 1923 noch 27,6 %, so reduzierte er sich bis 1925 auf 4 %. Vgl. Christine Zwingl: Die ersten Jahre in Wien, S. 28.

20 Hermann Neubacher (1893–1960) war ab 1924 Generaldirektor der GESIBA und Präsident des österreichischen Werkbundes in der Planungs- und Bauzeit der Werkbundsiedlung. 1933 trat er der NSDAP bei und wurde 1938 nach dem »Anschluss« Österreichs bis Ende 1940 der erste NS-Bürgermeister der Stadt Wien. Dann übernahm er andere Aufgaben im Südosten Europas. Nach dem Krieg war er einige Monate in Jugoslawien in Gefangenschaft. Von 1954 bis 1956 war er als Berater in Äthiopien tätig und kehrte anschließend nach Österreich zurück.
Schütte-Lihotzky traf Neubacher Anfang 1941 bei ihrem konspirativem Wien-Aufenthalt: »Neubacher war der übelste Nazikarrierist geworden, den man sich nur vorstellen konnte.« In: Schütte-Lihotzky: Erinnerungen, 1985, S. 58.

21 Grete Lihotzky: Das vorgebaute, raumangepaßte Möbel, in: Schlesisches Heim, Breslau, 7/1926, S. 294–297.

stand der Neue Wohnbau Frankfurts in einer produktiven, ergiebigen Arbeitsphase. Am Hochbauamt lernte sie den Architektenkollegen Wilhelm Schütte, einen Experten für Schulbau, kennen, den sie 1927 heiratete. Danach nannte sie sich Schütte-Lihotzky und publizierte auch mit diesem vollen Namen.

Ab September 1930 lebte das Ehepaar in Moskau als ExpertInnen im Team von Ernst May. Sie arbeiteten an der Planung neuer Städte im Zusammenhang mit dem Industrieaufbauprogramm. Margarete Schütte-Lihotzky übernahm die Leitung der Abteilung für Kindergärten und Kinderkrippen.

In diesen Jahren entstand in Wien die Werkbundsiedlung als Mustersiedlung, ein Versuch des Architekten Josef Frank, den Siedlungsbau als Wohnform zu attraktivieren. Die enormen gesellschaftlichen und baulichen Entwicklungen des letzten Jahrzehnts sollten nun in modernen bürgerlichen Wohnformen münden. Frank lud eine international anerkannte ArchitektInnenschaft ein, darunter Margarete Schütte-Lihotzky als einzige Frau, die er schon seit Anfang der 1920er Jahre kannte. Margarete sandte ihre Planung aus Frankfurt, Informationen über die Bauausführung erreichten sie in Moskau.

Abb. 24: Blick vom Burggarten auf die Neue Hofburg, 2021

Erstes Privatatelier in der Hofburg, 1. Bezirk

Neue Hofburg, Heldenplatz, 1010 Wien
1919–1925

Mit dem Ende der Monarchie ging auch das Ende vieler k. k. Verwaltungsabteilungen einher. Dazu gehörte der Stadterneuerungsfonds, der Räume im Trakt der Neuen Hofburg bezogen hatte. Einen dieser leerstehenden Räume im obersten Geschoß des Gebäudes konnte Grete Lihotzky übernehmen. Sie arbeitete hier selbständig an privaten Aufträgen, auch neben ihrer Angestelltentätigkeit im Baubüro des ÖVSK.

»Ich hatte einen Raum in der Hofburg. Nach 1918 waren nämlich diese Räume alle frei, kein Mensch war drin, und da habe ich einen Raum in der Wiener Hofburg gehabt mit einem herrlichen Blick auf den Burggarten. Sozusagen als Atelierraum für meine Privatarbeiten.«[22]

22 Schütte-Lihotzky: Erinnerungen, 1985, S. 19–20.

Abb. 25: Die Häuser Hermesstraße 7–17 von Adolf Loos zeigen die ursprüngliche Struktur der Siedlung. Foto, 2015

Siedlung Friedensstadt, 13. Bezirk 7

**Baubüro der Siedlungsgenossenschaft, Hermesstraße, Friedenszeile, Kernhausgasse, 1130 Wien
Jänner 1921 bis Mai 1921**

Ab Jänner 1921 war Grete Lihotzky für die Gemeinnützige Siedlungsgenossenschaft der Kriegsbeschädigten Österreichs für die Siedlung am Lainzer Tiergarten tätig. Zuerst arbeitete sie im Büro in der Josefstädter Straße. Architekt Adolf Loos leitete die Planung. Im Februar übersiedelten Loos und Lihotzky in das Baubüro in der Hermesstraße. Aufgrund finanzieller Ungewissheit beendete der Vorstand der Genossenschaft jedoch bald die Zusammenarbeit mit dem ArchitektInnenteam. Im ersten Jahr wurden die Häuser Hermesstraße 87–93 nach Plänen von Adolf Loos gebaut, weiters nach seinen Plänen errichtet wurden Hermesstraße 1–77 und 85–99.[23] Bis 1924 wurden 50 Einfamilienhäuser gebaut.[24]

Grete Lihotzky sammelte hier erste Erfahrungen. Es liegen keine Pläne von ihr für diese Siedlung vor. Jedoch wurden in den folgenden Jahren von den SiedlerInnen hier Kernhäuser errichtet, die auf Typenprojekte zurückgehen, die Lihotzky während ihrer Tätigkeit im Baubüro des Österreichischen Verbandes für Siedlungs- und Kleingartenwesen (ÖVSK) in den Jahren 1922 bis 1923 entwickelt hatte.

23 Loos entwarf den Bebauungsplan im März 1921 und projektierte vier Haustypen: 6, 7, 8 und 9 m breite Reihenhäuser mit senkrecht zur Straße liegender Innenstiege. (…) Sein Engagement für die Siedlung Friedensstadt brachte neben der zuerst gebauten Reihe von acht Häusern weitere von 1922 bis 1924 errichtete 36 Wohneinheiten nach seinen Plänen. Vgl. Burkhardt Rukschcio, Roland Schachel: Adolf Loos. Leben und Werk, Salzburg/Wien 1982, S. 536, 539.

24 Ulrike Zimmerl: Kübeldörfer. Siedlungen und Siedlerbewegung im Wien der Zwischenkriegszeit, Wien 2002, S. 56.

Abb. 26: Röntgengasse 79–87, 2021

Siedlung Heuberg – Wien West, 17. Bezirk 8

Röntgengasse, 1170 Wien
August 1921

Mit Planungen für die Siedlung Heuberg als Mustersiedlung für neue Baumethoden wurden mindestens 15 ArchitektInnen beauftragt. Der Bebauungsplan stammte von Adolf Loos. Die Gesamtplanung lag bei dem im Siedlungsbau erfahrenen Architekten Hugo Mayer.[25] Baubeginn für die ersten Häuser war im Herbst 1921.

Grete Lihotzky plante direkt für den Hauptverband für Siedlungswesen. Der von ihr gezeichnete und als einziges Original für dieses Projekt erhaltene Entwurfsplan zeigt den Ecktyp einer Reihenhausgruppe mit

25 Vgl. Klaus Novy/Wolfgang Förster: einfach bauen, Katalog, Wien 1985, S. 166–167.

fünf Einheiten, angeordnet neben Planungen der Architekten Adolf Loos, Franz Kaym und Alfons Hetmanek. Das Haus liegt mit einer Hausbreite von 7,80 Metern auf abfallendem Gelände. Dieser Grundstückssituation entspricht am ehesten die Hausreihe am Südwesthang der Röntgengasse.[26] Für diese Häuser liegen Pläne von Hugo Mayer vor, die einen Grundriss mit einem Achsraster von 7,80 Metern zeigen, der jedoch weniger tief ist als Lihotzkys Entwurf.[27] Grete Lihotzkys Planung könnte hier eingeflossen und etwas verändert umgesetzt worden sein.

26 Am meisten Ähnlichkeit mit ihrem Entwurf zeigt der Fünf-Haus-Block Röntgengasse 79–87.

27 Ersichtlich in den Einreichplänen bei der Baubehörde für den 17. Bezirk, MA 37 – Gebietsgruppe West.

Abb. 27: Siedlung Eden, Knödelhüttenstraße, 2020

Siedlung Eden, 14. Bezirk

9

Knödelhüttenstraße, Edenstraße, Mittelstraße, Hüttelbergstraße, 1140 Wien
Mai 1921 bis Februar 1922
Planung von Haustypen und eines Kinderheimes für die Theosophische Brüderschaft Knödelhüttenstraße 64

Die für die Siedlung Eden gegründete Genossenschaft setzte sich aus höchst unterschiedlichen Gruppierungen wie den TheosophInnen, BaptistInnen, ZionistInnen, SozialistInnen und FreidenkerInnen zusammen. Grete Lihotzky war im Büro von Architekt Ernst Egli sowohl an der Planung der Häuser als auch eines Kinderheimes beteiligt. Leider sind keine Pläne erhalten. Die Reihenhäuser, überwiegend Fünf-Haus-Blöcke, wurden aus Bruchsteinen von einem nahegelegenen Steinbruch gemauert und beeindrucken mit ihren fast unveränderten Fassaden auch heute noch. Im Rahmen eines privaten Auftrags plante Lihotzky die Einrichtung des Hauses für den Schriftsteller Hans Margulies in der Siedlung Eden.[28]

28 Abbildungen zur Einrichtung des Siedlerhauses, in: Lihotzky: Das vorgebaute, raumangepaßte Möbel, 1926, S. 294–297.

Ursprünglich waren es Baurechtsgründe, für die Pacht gezahlt wurde, mit der Auflösung der Genossenschaft 1963 konnten die Häuser gekauft werden. Viele der Häuser sind nach wie vor im Besitz der SiedlerInnenfamilien. Die Nutzung der Gärten hat sich von der früher wichtigen Aufgabe der Selbstversorgung zum Erholungsraum verändert.

Margarete Schütte-Lihotzky besuchte die Siedlung 1981 mit einem Filmteam des WDR und erinnerte sich an die Entstehungsgeschichte der Häuser.[29]

29 Das Bauen ist nicht das Primäre, WDR, Köln, HR 3, 19. 11. 1981, Dokumentation von Bea Füsser-Novy, Gerd Haag und Günther Uhlig.

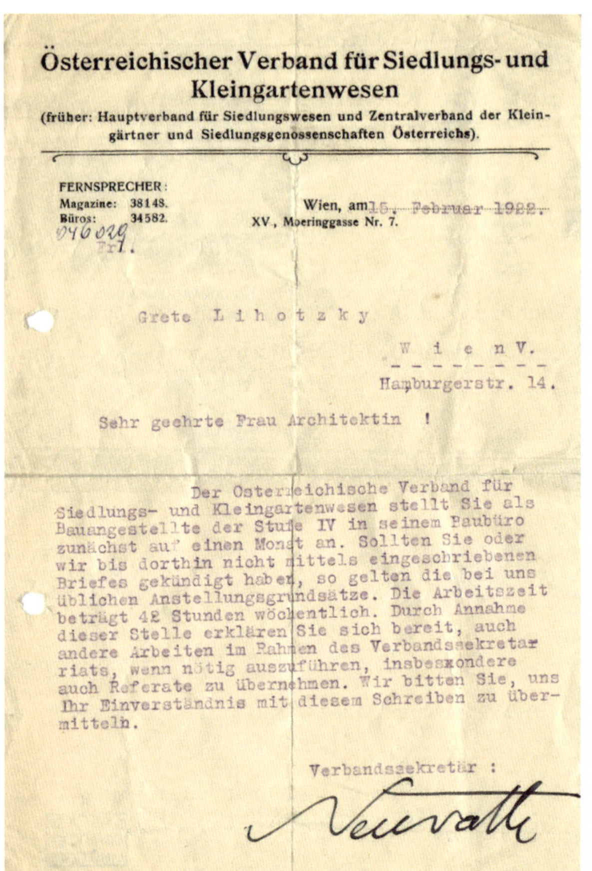

Österreichischer Verband für Siedlungs- und Kleingartenwesen

(früher: Hauptverband für Siedlungswesen und Zentralverband der Kleingärtner und Siedlungsgenossenschaften Österreichs).

FERNSPRECHER:
Magazine: 38148.
Büros: 34582.
046 029
Frl.

Wien, am 15. Februar 1922.
XV., Moeringgasse Nr. 7.

Grete Lihotzky

Wien V.

Hamburgerstr. 14.

Sehr geehrte Frau Architektin !

Der Österreichische Verband für Siedlungs- und Kleingartenwesen stellt Sie als Bauangestellte der Stufe IV in seinem Baubüro zunächst auf einen Monat an. Sollten Sie oder wir bis dorthin nicht mittels eingeschriebenen Briefes gekündigt haben, so gelten die bei uns üblichen Anstellungsgrundsätze. Die Arbeitszeit beträgt 42 Stunden wöchentlich. Durch Annahme dieser Stelle erklären Sie sich bereit, auch andere Arbeiten im Rahmen des Verbandssekretariats, wenn nötig auszuführen, insbesondere auch Referate zu übernehmen. Wir bitten Sie, uns Ihr Einverständnis mit diesem Schreiben zu übermitteln.

Verbandssekretär :

Neurath

Abb. 28: Anstellungsschreiben Baubüro des ÖVSK, unterzeichnet von Generalsekretär Otto Neurath, 15. 2. 1922

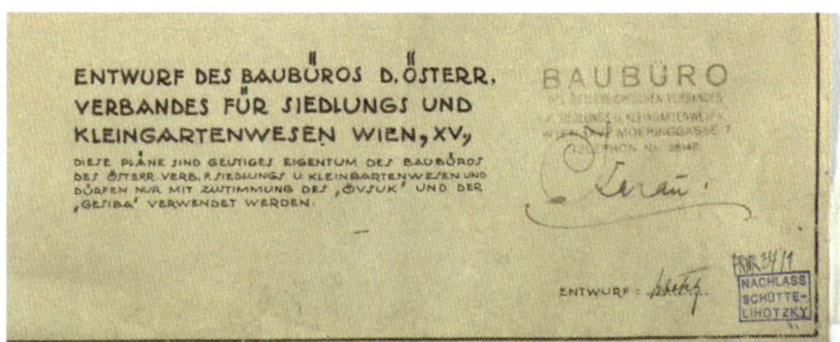

Abb. 29: Planstempel des Baubüros mit den Unterschriften von Grete Lihotzky für den Entwurf und von George Karau als Chefarchitekt des Baubüros (Ausschnitt Plan Type 7, Abb. 21)

Baubüro des Österreichischen Verbandes für Siedlungs- und Kleingartenwesen, 15. Bezirk

10

Moeringgasse 7, 1150 Wien
1922–1924

Ab März 1922 nahm das Baubüro des Österreichischen Verbandes für Siedlungs- und Kleingartenwesen (ÖVSK), in dem Grete Lihotzky von Anfang an angestellt war, seine Tätigkeit auf.[30] Im Baubüro waren - neben Grete Lihotzky - als Chefarchitekt George Karau und als Bauleiter Hans und Wilhelm Waloschek tätig. Franz Schuster übernahm Ende 1923 George Karaus Stelle. Pläne für gesamte Siedlungsanlagen wurden erstellt, einzelne Typen für Siedlerhäuser und Baumethoden entwickelt. Die SiedlerInnen erhielten Beratung zu allen Fragen des Siedelns. Dem Baubüro angegliedert war auf Grete Lihotzkys Initiative hin die Warentreuhand, eine Beratungsstelle für Wohnungseinrichtung. Möbel, passend für die Räume der Siedlerhäuser, wurden entwickelt und als Serienproduktionen günstig angeboten.

Das Haus Moeringgasse 7 im 15. Bezirk war seit November 1921 der Sitz des ÖVSK und blieb das Verbandshaus, bis es im Jahr 1954 im Zuge des Stadthallenbaus abgebrochen wurde.[31]

30 Zeugnis des ÖVSK über die Anstellung vom 1. 3. 1922 bis 30. 6. 1925. UaK NL MSL, Q/17.
31 Festschrift 90 Jahre Österreichischer Siedlerverband 1921–2011, Wien 2011, S. 5.

Abb. 30: Kleingarten-, Siedlungs- und Wohnbau-Ausstellung auf dem Rathausplatz, 1923

Wiener Siedlungs- und Kleingartenausstellungen, 1. Bezirk

11

Rathausplatz, 1010 Wien
1922: 4. Wiener Kleingartenausstellung
1923: 5. Wiener Kleingarten-, Siedlungs- und Wohnbau-Ausstellung

Die Leistungen der SiedlerInnen und des Österreichischen Verbandes für Siedlungs- und Kleingartenwesen (ÖVSK) wurden ab 1919 jährlich im Rathaus und auf dem Rathausplatz gezeigt. Höhepunkt war 1923 die 5. Wiener Kleingarten-, Siedlungs- und Wohnbau-Ausstellung. Im Festsaal des Rathauses fand die Plan-, Bild- und Modellausstellung des Siedlungsamtes und des ÖVSK statt.

Auf dem Rathausplatz waren fünf Siedlerhäuser durch die GESIBA (Gemeinschaftliche Siedlungs- und Baustoffanstalt) als Musterhäuser in »Naturgröße« im Maßstab 1:1 aufgebaut. Drei dieser Häuser waren Entwürfe von Grete Lihotzky, das Kernhaus Typ 7 war komplett mit eingebauten Möbeln nach ihren Plänen und der Spülküche eingerichtet (siehe Abbildungen 21 bis 23). Das Kernhaus Typ 4 glich einer Sommerhütte. Das Siedlerhaus Typ 101 war ebenfalls mit von Grete Lihotzky geplanten Möbeln ausgestattet. Weiters waren die Type 205 ein Schrebergartenhäuschen des Baubüros des ÖVSK und die Type 52 vom Siedlungsamt der Stadt Wien zu sehen.

Abb. 31: Innenhof des Otto-Haas-Hofes, 1925

Otto-Haas-Hof, früher Winarskyhof, 20. Bezirk

12

Winarskystraße 16–20, 1200 Wien
1924–1925
Beteiligte Architekten: Peter Behrens, Josef Frank, Josef Hoffmann, Oskar Strnad (städtebauliches Gesamtkonzept), Oskar Wlach, Adolf Loos (nachdem sein Entwurf von der Stadt nicht angenommen worden war, zog er sich aus dem Planungsteam zurück) und die ArchitektInnen des Baubüros des ÖVSK: Grete Lihotzky, Franz Schuster, Karl Dirnhuber (Dirnhuber übernahm den Bauteil von George Karau)

Der Bau steht unter Denkmalschutz nach § 2a DMSG, Verordnung für den 20. Bezirk, 2005. Der südlich der Winarskystraße (früher Kaiserwasserstraße) gelegene dreiseitige Baublock wurde 1950 nach dem Widerstandskämpfer Otto Haas benannt.

Grete Lihotzkys Planungsteil liegt im Trakt an der Winarskystraße an beiden Seiten des Durchganges in den Hof. Nach ihren Entwürfen wurden drei Stiegenhäuser, die Stiegen 1, 15 und 16, mit vier Wohnungen je Geschoß, insgesamt 59 Wohnungen, ausgeführt.

In ihrem Vorentwurf ist die Idee einer großzügigen, qualitätvollen Lösung im Geschoßwohnungsbau erkennbar. Sie plante versetzte Terrassen bei jeweils zwei durchgehenden Wohnungen je Geschoß, die dadurch Querlüftung erhielten. Realisieren konnte sie Wohnungen mit eingeschnittenen

Abb. 32: Otto-Haas Hof, 2019

Abb. 33: Innenhof des Otto-Haas-Hofs, 2019

Loggien in einem Vierspänner-Grundriss. Ansonsten wurde in der Wohnhausanlage allgemein der Standard der Gemeindebauten ausgeführt, jede Wohnung wurde mit WC, fließendem Wasser und Gasherd in der Kochnische ausgestattet.

Heute sind bei allen Wohnungen die Loggien geschlossen, um eine größere nutzbare Wohnfläche zu erzeugen. Zum Teil werden sie wie eine Veranda verwendet. In einigen Wohnungen baute man in die ehemalige Loggien nachträglich Badezimmer ein.

Im Jahr 1992 wurden in allen Stiegen Aufzüge als Zubauten errichtet, dabei wurde die Grundfläche der Stiegenhäuser durch ein hofseitiges Versetzen der Außenwand vergrößert. Das Erscheinungsbild der Hoffassaden blieb dabei fast unverändert.

Abb. 34: Zimmer für eine Dame, 1925

Einrichtung eines Zimmers für eine Dame, 18. Bezirk

13

Zimmer für Frau C. Neubacher in Gersthof
1925

Die originale Einrichtung ist im Museum für angewandte Kunst - MAK Wien, im 1. Stock, innerhalb der Dauerausstellung im Bereich »Wien um 1900« zu sehen.

1925 erhielt Grete Lihotzky den Privatauftrag, ein Zimmer für eine Dame einzurichten. Es handelte sich um einen langgestreckten Raum mit nur einem Fenster an einer Schmalseite in einem villenähnlichen Haus in Gersthof. Durch die Positionierung der Schlafnische an der Querseite verbesserte sie die Proportion des Raums. Lihotzky schuf einen Schreibplatz, einen Toilettentisch sowie einen Lese- und Sitzbereich. Die Wände wurden zur Gänze mit furnierten Nussholzplatten verkleidet, Ablagen, Spiegel und Kästen darin integriert. Lihotzkys Studien zum Thema »Das vorgebaute, raumangepasste Möbel« enthielten den grundsätzlichen Gedanken, dass der Wand vorgebaute, raumangepasste Möbel im Vergleich zu herkömmlichen Methoden der Einrichtung (mit Kästen) 35–40 % der Grundfläche eines Raumes sparen können. »Das bedeutet, dass wir um bis zu 40 % kleiner bauen könnten, oder einen ohnehin schon kleinen Raum um 40 % besser ausnutzen können.«[32]

Die Einrichtung wurde 1993 in Vorbereitung zur Ausstellung des Gesamtwerks der Architektin am Ort der Errichtung im 18. Bezirk im Originalzustand vorgefunden und war überraschenderweise sehr gut erhalten. Sie wurde vom MAK angekauft.[33]

32 Lihotzky: Das vorgebaute, raumangepaßte Möbel, 1926, S. 294–297.

33 Vgl. Kapitel 7. und insbesondere Abbildung 91.

Abb. 35: Woinovichgasse 2+4, 2019

Werkbundsiedlung, 13. Bezirk 14

Woinovichgasse 2+4, 1130 Wien
1932

Die Häuser stehen unter Denkmalschutz durch Feststellungsbescheid 1978. In der Siedlung des österreichischen Werkbundes, die unter der Leitung von Architekt Josef Frank entstand, wurden 70 Typenhäuser nach der Planung von österreichischen und internationalen Architekten realisiert – darunter war Margarete Schütte-Lihotzky die einzige an der Planung von Häusern beteiligte Architektin. Margarete Schütte-Lihotzkys Häuser gehörten zu den kleinsten und daher kostengünstigsten Bauten. Die Siedlung wurde von der GESIBA errichtet und die Häuser zum Kauf angeboten. Schütte-Lihotzkys beide Häuser wurden kurz nach der Errichtung verkauft und befinden sich seither in Privatbesitz.

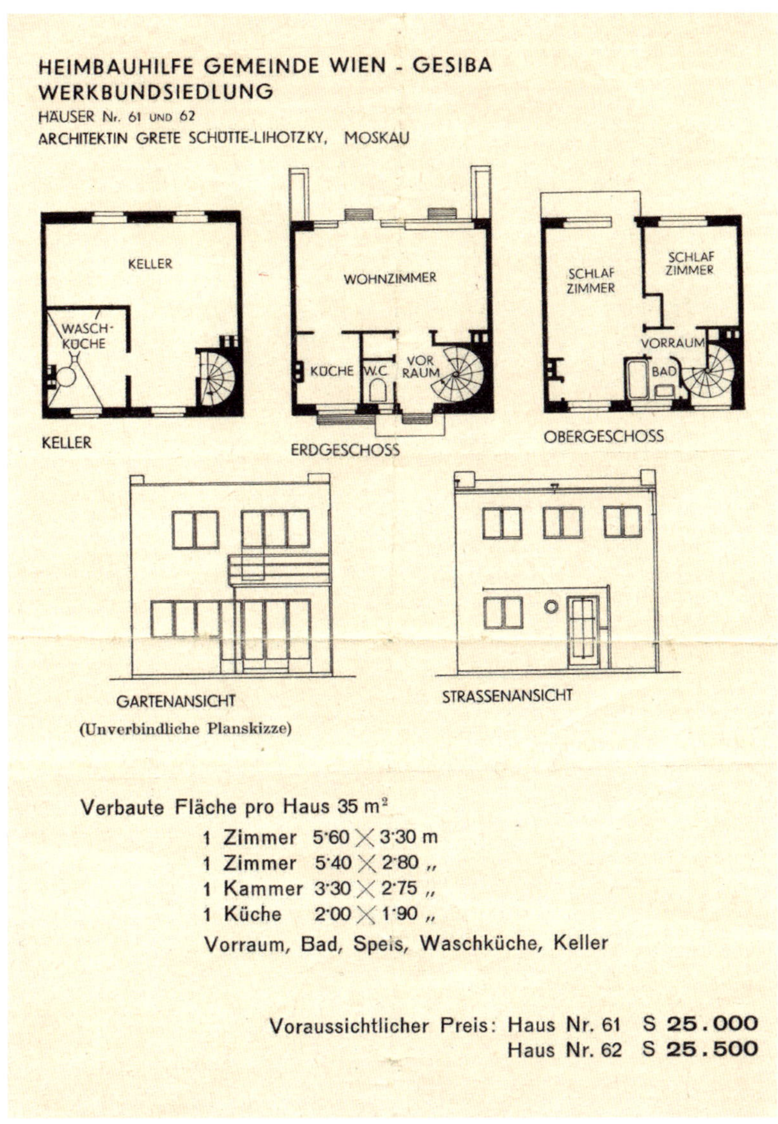

Abb. 36: Grundrisse und Ansichten der Häuser Woinovichgasse 2+4, Druck, 1932

Abb. 37: Margarete Schütte-Lihotzky, Passfoto 1937

4. Widerstand gegen den Nationalsozialismus und Gefangenschaft 1940–1945

ELISABETH HOLZINGER

Gegen den Strom

Margarete Lihotzky hatte sich in den Kopf gesetzt, Architektin zu werden, ein damals ungewöhnlicher Berufswunsch, auch in dem liberalen bildungsbürgerlichen Milieu, in dem sie aufwuchs. 1919 schließt sie ihr Studium an der Kunstgewerbeschule (heute Universität für angewandte Kunst) in der Fachklasse für Architektur ab. Die Einwände, niemand werde sich von einer Frau ein Haus bauen lassen, schreckten sie nicht ab.[1] In einer Zeit festgefügter Rollenbilder war sie eine Pionierin. Bis heute ist Architektur eine männliche Domäne, in die einzelne Frauen nur langsam eindringen konnten.[2] Es hat lange gedauert, bis Margarete Schütte-Lihotzkys Expertise als Architektin von offizieller Seite gewürdigt wurde. Meilensteine waren die große Ausstellung im Österreichischen Museum für angewandte Kunst – MAK und die Verleihung des österreichischen Ehrenzeichens für Wissenschaft und Kunst im Jahr 1993. Sie war zu diesem Zeitpunkt über 90 Jahre alt, war Jurorin, hielt Vorträge und arbeitete an Konzepten für das Wohnen der Zukunft.

Eigensinn und Verantwortung

Sie hatte auch Glück. Auf der Kunstgewerbeschule herrschte eine offene Atmosphäre und sie hatte Lehrer wie Oskar Strnad, der sie aufforderte, sich zuerst anzusehen, wie die Menschen wohnen und erst dann mit dem Planen zu beginnen. Das tat sie auch. Dabei lernte sie die elenden Wohnverhältnisse kennen, unter denen viele Menschen leiden mussten. Die Erforschung des gesellschaftlichen Umfelds und die Ver-

1 Vgl. Kapitel 2. Bernadette Reinhold: »Fräulein Lihotzky ist sehr begabt …«.

2 Nur 20 % der registrierten Personen in Architekturberufen sind Frauen. Österreich ist mit dieser Quote Schlusslicht in Europa; vgl. die Ausstellung und das Symposium »Pionierinnen. Heldinnen der Architektur« im Margarete Schütte-Lihotzky Raum am 24. 1. 2019, http://www.schuette-lihotzky.at.

besserung der Lebensverhältnisse der Menschen wurden zum Fundament ihrer Arbeiten als Architektin und ihres Handelns als politischer Mensch. Sie war bereit, überallhin zu gehen – nach Frankfurt, Moskau, Istanbul und in viele andere Länder –, wo sie einen Beitrag für eine sozial gerechte Gesellschaft leisten konnte. Aus dem sicheren Ausland kehrte sie Ende 1940 ins faschistische Österreich zurück, um den Widerstand zu unterstützen. Für die Realisierung ihrer Überzeugungen ging sie jedes Risiko ein.

»Es war mir immer wesentlich in meinem Beruf und auch außerhalb desselben mit allen meinen kleinen Miniminikräften dazu beizutragen, daß ich schließlich aus einer besseren Welt scheide als diejenige, in die ich hineingeboren war.«[3]

Von Wien bis Istanbul

Ihre berufliche Arbeit war von Anfang an mit der politischen Entwicklung der Ersten Republik verknüpft. Anfang der 1920er Jahre, während ihrer Tätigkeit in sozialdemokratisch geleiteten Organisationen – der Genossenschaft der Kriegsinvaliden, der Baugilde und dem Baubüro des Österreichischen Verbands für Siedlungs- und Kleingartenwesen –, trifft Margarete Lihotzky auf viele bedeutende, sozialistisch gesinnte Persönlichkeiten, u. a. Adolf Loos und Otto Neurath, mit denen sie innovative und praktikable Lösungen für die Verbesserung der Wohnbedingungen entwickelt. In diesem Umfeld und aufgrund ihres sozialen Engagements ist es für sie nur folgerichtig, dass sie 1924 der SDAP (Sozialdemokratische Arbeiterpartei) in Österreich beitritt.

»Beeindruckt durch die Leistungen der Wiener Sozialdemokratie auf dem Gebiet des Wohnungsbaus, des Gesundheits- und Schulwesens

3 Interview mit Margarete Schütte Lihotzky, in: Renate Allmayer-Beck, Susanne Baumgartner-Haindl u. a., Hg. Peter Noever, MAK: Margarete Schütte-Lihotzky. Soziale Architektur – Zeitzeugin eines Jahrhunderts, Ausstellungskatalog, Wien 1996, S. 15.

und der Kulturpolitik, glaubte ich ehrlich, das alles würde zum Sozialismus führen.«[4]

Später, in Frankfurt, wird sie aufgefordert, der Deutschen Sozialdemokratischen Partei beizutreten. Enttäuscht vom politischen Desinteresse ihrer Kollegen tut sie diesen Schritt nicht. Gespräche mit ihrem Freund, dem Marxisten Carl Grünberg, und die Enttäuschung über die Reaktion der österreichischen Partei auf die Streiks und Protestaktionen und auf das Massaker der Polizei am 15. Juli 1927 beim Brand des Justizpalastes Wien veranlassen sie kurz darauf zum Austritt aus der SDAP Österreichs.

1926 verlässt sie Österreich, in Deutschland erwarten sie neue Aufgaben. Ernst May, Stadtrat für Bauwesen und Städtebau und Leiter des Frankfurter Hochbauamtes in Frankfurt am Main, beruft sie in sein Büro. Margarete Lihotzky findet ein neues Betätigungsfeld in der Planung von Konzepten für den Neuen Wohnbau und entwirft u. a. Wohnräume für die alleinstehende berufstätige Frau und Einrichtungslösungen für die Vereinfachung der Haushaltsführung.[5] 1927 heiratet sie den deutschen Architekten Wilhelm Schütte.

1930 wird Ernst May mit seiner Planungsgruppe nach Moskau berufen. Dieser Gruppe gehören auch Margarete Schütte-Lihotzky und Wilhelm Schütte an: Margarete als Expertin für Einrichtungen zur Kinderbetreuung, Wilhelm als Experte für den Schulbau. Sieben Jahre beschäftigt sie sich mit Bauten für Kinder. Forschungen und Entwicklungen im Kindergarten- und Schulbau sind während ihres ganzen Berufslebens ein Schwerpunkt ihrer Tätigkeit.

1937 – noch bevor ihre Pässe abgelaufen sind – verlassen Margarete Schütte-Lihotzky und ihr Mann die Sowjetunion. Nach einem Jahr Arbeit in Paris und einem Kurzaufenthalt in London nehmen sie eine Berufung an die Académie des beaux-arts in Istanbul an. Margarete

4 Margarete Schütte-Lihotzky: Warum ich Architektin wurde. Hg. Karin Zogmayer, Salzburg/Wien 2019, S. 114.

5 Für die sogenannte Frankfurter Küche wird sie international berühmt.

Abb. 38: Margarete und Wilhelm Schütte in Istanbul, 1939

Schütte-Lihotzky und ihr Mann treffen im August 1938 – fünf Monate nach der Besetzung Österreichs – in Istanbul ein.

Konfrontation mit dem Faschismus

Über das Wesen der faschistischen Herrschaft nach der Machtübernahme der Nationalsozialisten 1933 in Deutschland war Margarete Schütte-Lihotzky sicherlich während ihres Aufenthalts in der Sowjetunion gut informiert. Die Okkupation Österreichs am 12. März 1938 und die Reaktionen darauf mussten sie entsetzt haben.

Unter tosendem Applaus wurde Adolf Hitler am 15. März 1938 in Wien begrüßt. Was für die Anhänger und Mitläufer Grund zum Jubel war, bedeutete für Tausende und Abertausende Gefängnis, Lager und Tod. Unmittelbar nach der Besetzung Österreichs am 12. März 1938 begann eine bisher nie dagewesene Verfolgung von Menschen aus »rassischen« Gründen und aller, die im Verdacht standen, Gegner des Regimes zu sein. Gestapo, Sicherheitsdienst und SS waren bestens informiert über ihre GegnerInnen. Einer umfangreichen Verhaftungswelle fielen schon in den ersten Tagen nach dem Einmarsch der deutschen Truppen tausende Menschen zum Opfer. Im November 1938 folgten neben der Verdrängung von Jüdinnen und Juden aus dem öffentlichen Leben exzessive Ausschreitungen – wie der Novemberpogrom – gegen die jüdische Bevölkerung. Neben der Vernichtung der Jüdinnen und Juden, Roma und Sinti und anderer diskriminierter Bevölkerungsgruppen zielte das NS-Regime auf die Vernichtung jeder organisierten oppositionellen

Bewegung ab. Angriffsziele waren in erster Linie kommunistische und sozialistische Gruppen und, als sich der Widerstand nach und nach formierte, die Zerschlagung des Widerstands des katholisch-konservativbürgerlichen Lagers.

Bereits in der Nacht vom 11. auf den 12. März rief die Kommunistische Partei zum Kampf für die Wiedererrichtung eines freien, unabhängigen Österreich auf. Diese Losung wurde zu einem bestimmenden Motiv des kommunistischen Widerstands, der größten Widerstandsgruppierung in Österreich.

Frauen und Männer, die sich gegen die faschistische Herrschaft auflehnten, arbeiteten unter extrem gefährlichen Bedingungen. Denn während in den anderen besetzten Ländern der Widerstand gegen eine Besatzungsmacht von der Mehrheit der national gesinnten Menschen getragen wurde, fehlte dieses Motiv in Österreich vorerst weitgehend. Nazi-GegnerInnen hatten es nicht nur mit dem Terror der Gestapo, sondern auch mit begeisterten SympathisantInnen und teilweise fanatischen AnhängerInnen des Regimes zu tun. Spitzel und DenunziantInnen schwächten laufend die Widerstandsaktivitäten.[6]

Im Sold der Gestapo sollen 400 bis 600 Spitzel gestanden haben. Etwa zwei Drittel von ihnen waren vor ihrer Tätigkeit für die Gestapo im Widerstand tätig, wurden aber nach ihrer Verhaftung mit Versprechungen erpresst. Der Spitzel mit dem Decknamen Ossi (Kurt Koppel) arbeitete freiwillig und erhielt für seine Aktivitäten die damals große Summe von 500 Reichsmark im Monat. Auf sein Konto gehen hunderte von Verhaftungen. Als ehemaligem Spanienkämpfer war es ihm gelungen, das Vertrauen von Erwin Puschmann (Deckname Gerber), Margarete Schütte-Lihotzkys Kontaktmann in Wien, zu gewinnen. Ihre Aktivitäten und die Treffen mit Gerber standen daher schon von Anfang an unter der Beobachtung der Gestapo.

6 Einen umfassenden Einblick in die Tätigkeit von Spitzeln und DenunziantInnen gibt das Buch von Herbert Dohmen und Nina Scholz: Denunziert, Wien 2003.

Anschluss an die Kommunistische Partei

Noch vor ihrer Ausreise aus der Sowjetunion im Jahr 1937 hat Margarete Schütte-Lihotzky in Moskau eine Unterredung mit Ernst Fischer, dem Vertreter der KPÖ in der Kommunistischen Internationale (Komintern),[7] über eine mögliche antifaschistische Tätigkeit im Ausland. In London und Paris führt sie weitere Gespräche mit kommunistischen AktivistInnen. Es geht um die Frage, wie man sich als politischer Mensch angesichts des Vormarsches der NationalsozialistInnen verhalten soll und welche Möglichkeiten des antifaschistischen Kampfes es gibt.

Bald nach ihrem Eintreffen in Istanbul im August 1938 kommt Margarete Schütte-Lihotzky in Kontakt mit dem österreichischen Architekten und Kommunisten Herbert Eichholzer. Dieser kam Ende 1938 nach Istanbul, um im Büro des österreichischen Architekten Clemens Holzmeister zu arbeiten. Die Stadt war damals ein wichtiges Zentrum für die Organisation von Widerstandsaktivitäten. Eichholzers Parteiauftrag war es, in Istanbul die Auslandsgruppe der Partei aufzubauen.[8] Margarete Schütte-Lihotzky arbeitet in dieser Gruppe mit, der auch die chilenische Architektin Ines Viktoria Mayer, die sie später im Gefängnis wieder treffen sollte, angehört. 1939 tritt Schütte-Lihotzky der Kommunistischen Partei Österreichs bei. Der Aufruf der Partei zum aktiven Widerstand wird zum Leitmotiv der Diskussionen und Überlegungen der Gruppe. Sie erinnert sich später an diese Zeit als eine Periode befriedigender, sinnvoller Arbeit, voll lebhafter theoretischer Auseinandersetzungen mit dem Marxismus in direkter Verbindung mit dem Widerstand in Österreich. Ende 1940 münden die theoretischen

7 Nach seiner Rückkehr nach Österreich 1945 bildete Ernst Fischer zusammen mit Friedl Fürnberg und Johann Koplenig die Parteiführung der KPÖ. In der ersten provisorischen Regierung unter Karl Renner leitete Ernst Fischer das Staatsamt für Volksaufklärung, Unterricht, Erziehung und Kultusangelegenheiten und war Chefredakteur der ersten Nachkriegszeitung *Neues Österreich*, die gemeinsam von den drei Parteien ÖVP, SPÖ und KPÖ herausgegeben wurde.

8 Auch Herbert Eichholzer kehrte aus dem sicheren Istanbul nach Österreich zurück und begann sofort nach seiner Rückkehr Ende April 1940 mit seiner politischen Tätigkeit. Unter Mitwirkung des Gestapo-Spitzels Ossi wurde er im Februar 1941 festgenommen und im Jänner 1943 hingerichtet.

Auseinandersetzungen in die Praxis. Margarete Schütte-Lihotzky übernimmt eine wichtige Mission für die Partei.

Die Kurierin

Das im Exil in Moskau agierende Zentralkomitee der Kommunistischen Partei Österreichs hatte die Aufgabe, den Widerstand im Land zu koordinieren und strategisch zu steuern. Es galt, den Informationsfluss zu den und innerhalb der AktivistInnen zu gestalten. Die diversen Stützpunkte im Ausland spielten eine wichtige Rolle – eine dieser Verbindungsstellen bestand in Istanbul. Die Stützpunkte sammelten und verbreiteten Informationen über die Vorgänge in der Welt und die Berichte über die Arbeit der oppositionellen Kräfte in den einzelnen Ländern. Es wurden immer wieder führende Parteikader und KurierInnen nach Österreich geschickt, um die Organisationen zu stärken und den Auslandsleitungen über die Lage im Land zu berichten.

Im Frühjahr 1940 entsandte die Exilleitung der KPÖ Erwin Puschmann von Jugoslawien in die Slowakei, von wo aus er Verbindung mit AktivistInnen in Wien aufnahm. Eine seiner Aufgaben war u. a., wieder ein leitendes politisches Zentrum der Partei in Österreich zu schaffen. Im Zuge dieser Bemühungen wurde auch der Einsatz von Kadern aus dem türkischen Exil erwogen. Nach Beratungen in der Gruppe erklärte sich Margarete Schütte-Lihotzky bereit, nach Österreich zu reisen und die Funktion der Kurierin zu übernehmen. Sie war für diesen Einsatz besonders geeignet, weil sie Deutschland bereits vor der Machtübernahme der NSDAP aus beruflichen Gründen verlassen hatte und der Gestapo nicht als kommunistische Parteigängerin bekannt war.

Widerstand und Gefangenschaft

Margarete Schütte-Lihotzkys Auftrag bestand darin, von Gerber (sein richtiger Name – Erwin Puschmann – wird ihr erst später bekannt) Informationen über den Widerstand in Österreich entgegenzunehmen und der Gruppe in Istanbul zu berichten. Mit Instruktionen über die Techniken der Konspiration versehen tritt sie am 24. Dezember 1940 ihre Reise nach Wien an. Offizieller Grund ihrer Reise ist der Besuch ihrer kranken Schwester, die nach wie vor in der Wohnung in der Hamburgerstraße wohnt. Während des Zwischenaufenthalts in Zagreb berichtet ihr der Leiter des dortigen Auslandsstützpunktes der KPÖ Bobby (Deckname für Julius Kornweitz) über die Widerstandsaktivitäten der einzelnen Gruppen und präzisiert ihre Aufgabe.

In der Nacht vom 29. auf den 30. Dezember überquert Margarete Schütte-Lihotzky die Grenze von Österreich und fährt Richtung Wien. Im Ohr hat sie ein Kügelchen aus Zigarettenpapier mit einem Zahlencode. Die Zahlen beziehen sich auf das Buch »Gari-Gari« (die Seitenzahl, die Zeilennummer und die Nummer des Wortes in der Zeile) und bezeichnen jene Buchstaben, aus denen sich ihre Anlaufadresse in Wien ergibt. Nachdem sie sich »Gari-Gari« besorgt hat, sucht sie die Adresse auf, studiert im Schrebergartenhaus des Ehepaars Konopitzky die illegalen Schriften der Partei und trifft zu Beratungen mit Gerber zusammen. Mit dabei sind die beiden Spitzel Sonja (Deckname von Grete Kahane) und Ossi (Deckname von Kurt Koppel), denen es gelungen ist, das Vertrauen von Erwin Puschmann zu gewinnen. Die Gestapo ist daher bereits seit einiger Zeit über die Bemühungen zur Reorganisation der illegalen Partei und die Aktivität von Margarete Schütte-Lihotzky informiert.[9]

Am 22. Jänner 1941, einen Tag vor ihrer geplanten Rückreise nach Istanbul, wird sie bei einem Treffen mit Gerber im Café Victoria verhaftet.

Es folgen drei Monate Haft – meist Einzelhaft – im Polizeigefängnis »Liesl« auf der Elisabethpromenade (heute Rossauer Lände 5–9) und vierzehn Verhöre im Gestapo-Hauptquartier am Morzinplatz. Anschließend erfolgt die Überstellung ins Bezirksgefängnis Schiffamtsgasse im 2. Bezirk. Nach sechs Wochen verschärfter Einzelhaft kann sie dort erstmals Briefe an ihre Schwester schreiben. Besuche dürfen nicht länger als drei Minuten dauern.

9 Elisabeth Boeckl-Klamper: Margarete Schütte-Lihotzkys Kampf gegen das NS-Regime, in: Margarete Schütte-Lihotzky. Architektur. Politik. Geschlecht. Neue Perspektiven auf Leben und Werk, Hg. Marcel Bois/Bernadette Reinhold, Basel 2019, S. 248.

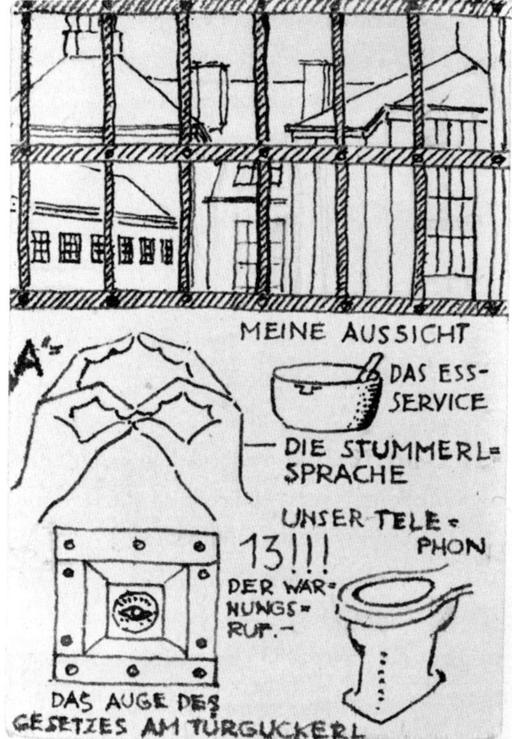

Abb. 39: Aus dem Gefängnisbüchlein, Zeichnung von Margarete Schütte-Lihotzky, 1943

Es gelingt den Gefangenen, untereinander Erfahrungen und Nachrichten auszutauschen. Sie bedienen sich dabei eines ausgeklügelten Kommunikationssystems, werfen einander Botschaften an Schnüren von Fenster zu Fenster zu, benutzen den ausgepumpten Klosettstrang als Sprachrohr und verständigen sich durch Klopfzeichen. So berichtet es Margarete Schütte-Lihotzky in ihren Erinnerungen.[10] Dabei wird deutlich, dass die gefangenen Frauen einander dadurch halfen, den Mut nicht zu verlieren und sich gegenseitig aufrecht zu halten.[11]

10 Margarete Schütte-Lihotzky: Erinnerungen aus dem Widerstand. Das kämpferische Leben einer Architektin von 1938–1945, Wien 2014, S. 104.

11 Zwar waren im Bezirksgefängnis Schiffamtsgasse auch Männer inhaftiert. Auf Margarete Schütte-Lihotzkys Stockwerk waren allerdings nur Frauen untergebracht, die außerdem mehr miteinander kommunizierten.

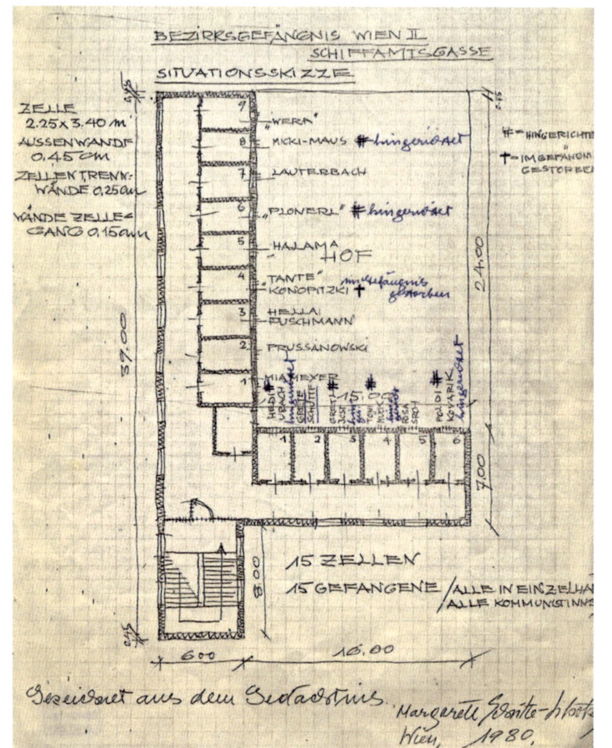

Abb. 40: Grundriss-Skizze des Bezirksgefängnis Wien II, Schiffamtsgasse, mit den Einzelzellen und den Namen der Gefangenen. Zeichnung von Margarete Schütte-Lihotzky aus dem Gedächtnis, 1980

Am 22. September 1942, eineinhalb Jahre nach ihrer Verhaftung, findet die Gerichtsverhandlung im Schwurgerichtssaal des Wiener Landesgerichts vor dem zweiten Senat des Berliner Volksgerichtshofes, dem Köpflersenat, statt.[12] Angeklagt waren Erwin Puschmann und vier weitere Personen wegen Vorbereitung zum Hochverrat. Erwin Puschmann, Franz Šebek und Karl Lisetz wurden zum Tode verurteilt, Margarete Schütte-Lihotzky und Anna Haider zu jeweils 15 Jahren sowie Franz Haider zu 13 Jahren Zuchthaus.

Dieser Prozess war einer von mehreren, bei denen in den folgenden Monaten über 500 WiderstandskämpferInnen vor Gericht standen und zu mehrjährigen Haftstrafen sowie über 100 von ihnen zum Tod

12 In dieser Verhandlungswoche fällte der 2. Senat insgesamt 19 Todesurteile gegen die 25 angeklagten KommunistInnen.

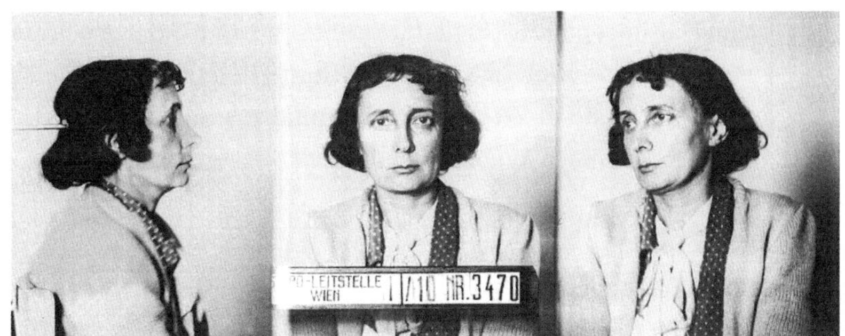

Abb. 41: In der Gestapo-Leitstelle Wien aufgenommenes Foto der Angeklagten Margarete Schütte-Lihotzky, 1941

verurteilt wurden. Viele von ihnen trifft sie in den drei Wiener Gefängnissen, in denen sie inhaftiert ist, und im Zuchthaus Aichach wieder. Anlässlich der Arbeit an ihrem Buch »Erinnerungen aus dem Widerstand« hat sie eine Liste ihrer Leidensgenossinnen erstellt und damit den 18 zu Tode gekommenen und den 77 mit ihr gefangenen Frauen ein Andenken bewahrt.[13]

Margarete Schütte-Lihotzky konnte dem Todesurteil aufgrund eines gefälschten Schreibens entgehen, das ihr Mann in Istanbul organisiert hatte. Es war ihm gelungen, anlässlich einer Vorsprache beim Sektionschef im türkischen Unterrichtsministerium in einem unbeobachteten Moment einige Bögen unbeschriftetes amtliches Briefpapier zu entwenden. Auf diesem verfasste er ein Schreiben, in dem mitgeteilt wurde, dass das Ministerium auf die Mitarbeit der Architektin Schütte-Lihotzky bei der Planung neuer Frauengewerbeschulen Wert lege und einen Arbeitsvertrag abzuschließen beabsichtige. Den gefälschten Brief mit Amtsstempel sandte er an den deutschen Generalkonsul. Dieses Schreiben gelangte schließlich zu Margarete Schütte-Lihotzkys Schwester, die es dem Anwalt übergab, der es wiederum dem Volksgerichtshof nach Berlin sandte

Zusammen mit sieben Mithäftlingen wird sie am 21. Oktober 1942 ins Frauenzuchthaus Aichach in Bayern gebracht. Wie jedes Mal,

13 Schütte-Lihotzky: Erinnerungen, 2014, S. 177.

wenn Häftlinge abtransportiert werden, singen die Gefangenen die Internationale. In Aichach ist Margarete Schütte-Lihotzky zweieinhalb Jahre inhaftiert. In dieser Zeit wird sie zweimal zu einer Zeugenaussage ins Landesgericht nach Wien transportiert.

Die Befreiung

Am Sonntag, dem 29. April 1945, wird das Frauenzuchthaus Aichach durch amerikanische Truppen befreit. Am 22. September 1945 kommt Margarete Schütte-Lihotzky nach viereinhalb Jahren Gefangenschaft und einer monatelangen Heimreise mit Lastwagen, Pferdewagen, per Bahn und zu Fuß – mit einer Unterbrechung in einer Lungenheilstätte – in Wien an.

Im Frühjahr 1946 reist sie nach Sofia. Sie wird für die Stadtverwaltung Sofias tätig und plant die ersten Kindergärten Bulgariens. Gegen Ende des Jahres trifft sie in Sofia wieder mit ihren Mann Wilhelm Schütte zusammen. Das Paar kehrt Anfang Jänner 1947 nach Wien zurück. Margarete Schütte-Lihotzky ist fast 50 Jahre alt, körperlich geschwächt, aber voll Tatendrang. Sie beginnt selbständig mit eigenem Büro zu arbeiten.

Rückkehr in die Kälte

In Wien kann sie nicht mit öffentlichen Aufträgen rechnen. Schon bald nach Kriegsende wird in allen Ländern außerhalb der sowjetischen Einflusssphäre der kurz dauernde antifaschistische Grundkonsens von einem antikommunistischen Grundkonsens abgelöst. Für die international renommierte und erfahrene Architektin und Kommunistin gibt es in Zeiten der erbitterten Systemkonkurrenz – des Kalten Krieges – keinen würdigen Platz.

Österreich, das sich die Lebenslüge vom ersten Opfer des Nationalsozialismus zurechtgelegt hat, wird zu einem Brückenkopf des Westens. Im November 1947 scheidet die KPÖ aus der gemeinsam mit ÖVP und SPÖ gebildeten Regierung aus. Sie wird von einer Gründerpartei zum Außenseiter in der politischen Landschaft und zum Feindbild. Parallel zur Ausgrenzung der KommunistInnen erfolgt die Integration ehemaliger NationalsozialistInnen. 1949 werden minderbelastete Nazis zu den Nationalratswahlen zugelassen und die noch offenen Verfahren 1957 eingestellt.

In diesem Klima erhält die Kommunistin Margarete Schütte-Lihotzky kaum öffentliche Aufträge der Stadt Wien. Bis zu ihrem Tod im Jahr 2000 ist sie als Architektin und politische Aktivistin tätig.[14]

Margarete Schütte-Lihotzky bezahlte ihren Widerstand gegen den Faschismus mit viereinhalb Jahren Gefangenschaft. Aber »dass man sich in so harten Zeiten nicht einem angenehmen, risikolosen Leben hingeben darf, sondern im Widerstand gegen die Nazis auch etwas zu leisten hat«, war für sie selbstverständlich.[15]

14 Vgl. Kapitel 5. Christine Zwingl: »Den Frieden auf der Welt, wo er nicht herrsche, ...«.

15 Schütte-Lihotzky: Erinnerungen, 2014, S. 31.

Abb. 42: Ehemaliges Café Victoria, Schottengasse/Ecke Maria-Theresien-Straße, 2015

Café Victoria, 1. Bezirk (nicht mehr existent) 15

Schottengasse 10/Ecke Maria-Theresien-Straße, 1010 Wien
Gefangennahme am 22. 1. 1941

Das Café Victoria am Schottentor lag im Erdgeschoß des Gebäudes der Allgemeinen Versicherungsgesellschaft Victoria zu Berlin.[16] Heute befindet sich in dem Eckhaus eine Bankfiliale. Eine Aufschrift an der Fassade erinnert an die Victoria-Versicherungen.

16 Lehmann Online: Adolph Lehmann's allgemeiner Wohnungs-Anzeiger, Firmenverzeichnis, 1940, Band 1.

Am Mittwoch, dem 22. Jänner 1941, traf Margarete Schütte-Lihotzky im Café Victoria mit Erwin Puschmann (Deckname Gerber) zusammen. Es war als letztes Treffen vor ihrer Rückreise in die Türkei geplant. Um zwölf Uhr mittags wurden beide festgenommen und in die Gestapozentrale am Morzinplatz gebracht.

Abb. 43: Hotel Métropole, das Gestapo-Hauptquartier, ca. 1942

Gestapo-Leitstelle Wien, 1. Bezirk (1938–1945) 16

Ehemaliges Hotel Métropole (1948 abgerissen)
Morzinplatz, 1010 Wien

Das Hotel Métropole wurde 1873 zur Weltausstellung in Wien für die jüdischen Eigentümerfamilien Klein und Feix errichtet. Nach dem Anschluss Österreichs wurde das Gebäude noch im März 1938 von der Gestapo beschlagnahmt und zur Leitstelle und zum Gestapo-Hauptquartier gemacht. Nach schweren Bombentreffern brannte das Haus 1945 weitgehend aus, 1948 folgte der Abbruch der Gebäudereste.

Der erste Gedenkstein für die Opfer des Faschismus wurde hier 1951 errichtet. Heute erinnert das 1985 aufgestellte, von Leopold Grausam gestaltete Mahnmal »Niemals vergessen« an die Leiden unzähliger Menschen. Die Bronzefigur und ein Block aus Mauthausener Granit symbolisieren das Schicksal der Opfer.[17]

17 https://www.denkmalwien.at/rundgaenge/rundgang-wir-und-die-anderen/mahnmal-am-morzinplatz (abgerufen am 13. 6. 2021).

Abb. 44: Mahnmal am Morzinplatz für die Opfer der Gestapo, 2021

Auf dem Grundstück des früheren Hotel Métropole wurde 1968 der Leopold-Figl-Hof erbaut, ein Wohnhaus, benannt nach dem ersten Bundeskanzler der Republik Österreich nach der NS-Zeit. Im Erdgeschoß des Hauses mit Zugang von der Salztorgasse 6 gibt es einen Gedenkraum, der vom Dokumentationsarchiv des österreichischen Widerstandes betreut wird.[18]

Margarete Schütte-Lihotzky wurde vierzehn Mal zu Verhören in die Gestapozentrale auf den Morzinplatz gebracht.

18 https://www.doew.at/erkennen/ausstellung/gedenkstaette-salztorgasse/zum-standort (abgerufen am 13. 6. 2021).

Abb. 45: Polizeigebäude Rossauer Lände, 2015

Polizeigebäude »Liesl«, 9. Bezirk 17

Rossauer Lände 5–9, 1090 Wien (bis 1919: Elisabethpromenade)
22. 1.–22. 4. 1941

Das Polizeigebäude wurde in den Jahren 1901 bis 1904 an der damaligen Elisabethpromenade erbaut, wegen dieser Lage wurde es im Volksmund »Liesl« genannt. Heute sind hier Polizeidienststellen und ein Polizeianhaltezentrum untergebracht.[19]

Während der Zeit des Austrofaschismus (1934–1938) und des darauffolgenden Nationalsozialismus (1938–1945) wurden hier zahlreiche AntifaschistInnen bzw. politische Gefangene inhaftiert.

Noch in der Nacht ihrer Verhaftung und Vernehmung in der Gestapozentrale am Morzinplatz wird Margarete Schütte-Lihotzky in das zentrale Polizeigefängnis auf der Rossauer Lände, die Liesl, gebracht. Hier muss sie die nächsten Monate in einer kleinen Zelle ohne jeglichen Kontakt nach außen verbringen.

19 https://www.geschichtewiki.wien.gv.at/Polizeigebäude (abgerufen am 5. 6. 2021).

Abb. 46: Die Gastwirtschaft zum Friedensrichter, Ecke Obere Donaustraße/Schiffamtsgasse, 2015

Bezirksgefängnis Schiffamtsgasse, 2. Bezirk 18

Schiffamtsgasse/Ecke Obere Donaustraße, 1020 Wien (zerstört, abgebrochen)
1941 bis 1942 und September 1944 bis Februar 1945

Seit 1688 befand sich auf dem Grundstück direkt am Donaukanal das k. k. Oberste Schiffamt. 1843 wurde das Schiffamt aufgelöst und das Gebäude in eine Pionierkaserne umgewandelt. Ab 1860 war es Amtssitz des Leopoldstädter Bezirksgerichts, dem ab 1912 ein Gefangenenhaus angeschlossen war.

1945 wurde es durch Bomben zerstört.[20] Heute befindet sich an dieser Stelle das Bundesamt für Eich- und Vermessungswesen.

Drei Monate nach ihrer Verhaftung wurde Margarete Schütte-Lihotzky in das Bezirksgefängnis Schiffamtsgasse im 2. Wiener Gemeindebezirk überstellt. Sie kam in Einzelhaft im vierten, dem obersten Stock des Hauses, wo 15 Kommunistinnen in Einzelzellen untergebracht waren. Die Gefangenschaft in Wien dauerte für Margarete Schütte-Lihotzky eindreiviertel Jahre bis zu ihrem Prozess im September 1942. Dieser endete mit der Verurteilung zu 15 Jahren Zuchthaus und dem Transfer nach Aichach in Bayern.

20 https://www.geschichtewiki.wien.gv.at/Schiffamtsgasse und https://www.geschichtewiki.wien.gv.at/Kaiserliches_Schiffamt (abgerufen am 5. 6. 2021).

Abb. 47: Landesgericht für Strafsachen Wien, 2012

Landesgericht Wien, 8. Bezirk

19

Landesgerichtsstraße 11, 1080 Wien
Haft vor und nach dem Prozess am 22. 9. 1942
Zeugenaussagen März 1943, August 1944

Das Gebäude wurde bis zum Jahr 1839 errichtet. 1870 bis 1878 kam es zu einer Erweiterung des Gefangenenhauses sowie zur Errichtung des Schwurgerichtstrakts, weitere bauliche Ergänzungen folgten bis 1918.

Nach dem »Anschluss« war eine der ersten Maßnahmen der NationalsozialistInnen die Schaffung des Hinrichtungsraumes (damaliger Raum 47 C, heute Weiheraum) mit einer aus Berlin gelieferten Guillotine.

An der Außenfassade des Wiener Straflandesgerichtes erinnern seit Jänner 2015 zehn Zeittafeln an die wechselvolle Geschichte des Grauen Hauses und die Strafgerichtsbarkeit von 1839 bis in die Gegenwart, dabei besonders an die Gräuel des NS-Regimes und die Abschaffung der Todesstrafe in Österreich.

Im April 2015 wurde vor dem Landesgericht ein Mahnmal für die rund 600 politischen Opfer der Justiz des nationalsozialistischen Regimes enthüllt.

Im Landesgericht fanden die Verhöre vor dem Untersuchungsrichter und die Verhandlungen statt. Verurteilte mussten bis zum Abtransport in Sammelzellen bleiben, und in den Todeszellen mussten sie oft Monate bis zur Hinrichtung ertragen.

Am 22. September 1942, eindreiviertel Jahre nach ihrer Verhaftung, fand in diesem Haus der Prozess Margarete Schütte-Lihotzkys vor dem zweiten Senat des Berliner Volksgerichtshofes statt.

Abb. 48: Margarete Schütte-Lihotzky als Rednerin bei einer Kundgebung gegen Aufrüstung und Krieg, 1961

5. Weiterleben in Wien 1947–2000

CHRISTINE ZWINGL

»Den Frieden auf der Welt, wo er nicht herrsche, endlich aufzubauen …« Das »zweite« Leben einer Architektin

Nach der langen Zeit der Trennung, die Wilhelm Schütte in der Türkei verbracht hatte und Margarete in Wien in Gestapo-Gefangenschaft und im Zuchthaus Aichach, trafen die beiden in Bulgarien wieder zusammen.

Mit dem Kriegseintritt der Türkei an der Seite der Alliierten im Herbst 1944 wurde für Wilhelm – als deutschen Staatsbürger – das Leben in der Türkei zu politischem Asyl mit Zwangsaufenthalt im anatolischen Yozgat.[1] Margarete reiste im Februar 1946 auf abenteuerlichem Weg in Richtung Türkei, um seine Ausreise nach Möglichkeit zu unterstützen. Sie kam bis Bulgarien und musste in Sofia abwarten, wie sich die Freilassung für Wilhelm entwickeln sollte. Im Oktober 1946 war es so weit. Wilhelm konnte die Türkei verlassen und kam in Sofia wieder mit Margarete zusammen. Bis alle Papiere zur gemeinsamen Ausreise nach Wien vorhanden waren, wurde es Dezember.

Anfang des Jahres 1947 kamen Margarete und Wilhelm Schütte gemeinsam zurück nach Wien in die Wohnung der Familie Lihotzky im Haus Hamburgerstraße 14, das Kriegswirren und Bomben überstanden hatte. In der Wohnung lebte Adele, Gretes Schwester, mit

1 Vgl. Burcu Dogramaci: Architekt, Lehrer, Autor: Wilhelm Schütte in der Türkei (1938–1946), S. 48–63, hier S. 61 und David Baum: Wilhelm Schütte als Vermittler und Architekt im Nachkriegs-Wien (1947–1968) S. 64–91, hier S. 65, beide in: Wilhelm Schütte Architekt. Frankfurt – Moskau – Istanbul – Wien, Hg. ÖGFA, Wien/Zürich 2019.
Wilhelm Schütte war im anatolischen Yozgat mit 260 anderen interniert. In dieser Zeit plante er einen Erweiterungsbau für das Gymnasium der Kleinstadt und organisierte eine öffentliche Bibliothek.

Abb. 49: Margarete Schütte-Lihotzky in ihrer Wohnung im 5. Bezirk, Hamburgerstraße 14, 1957

ihrem Ehemann Hans Hanakam. Vorerst war Platz genug für die beiden Paare. Margarete plante für ihre Schwester ein Haus in Radstadt, das im Laufe des Jahres errichtet wurde. 1948 übersiedelten Adele und ihr Mann ganz ins Salzburgische. Margarete und Wilhelm hatten nun in der Wohnung Platz zum Wohnen und Arbeiten. Hier konnte für Jahre das Architekturbüro geführt werden.

Margaretes Arbeitsschwerpunkt war das Bauen für Kinder. Während ihres Zwischenaufenthalts in Bulgarien arbeitete sie für die Stadtverwaltung Sofias. Sie bewirkte die Gründung einer Abteilung für Kinderbauten und entwarf die ersten Kindergärten für dieses Land, die in Sofia und Samokov gebaut wurden. Und sie fasste die umfassenden Erkenntnisse zu diesem Thema zusammen, die sie davor in den Jahren in der Sowjetunion gesammelt hatte. So entstand die Erstfassung ihrer »Entwurfslehre für Kindergärten und Kinderkrippen«.

Das Programm zur Schaffung eines Bauinstitutes für Kinderanstalten (BIK) legte sie der Nachkriegs-Stadtregierung Wiens erstmals im November 1945 kurz nach ihrer Rückkehr aus der Gefangenschaft vor. Dieses Konzept für ein Bauinstitut, das die fachliche Kompetenz von ArchitektInnen, ÄrztInnen und PädagogInnen bündelt, war ihre Initiative, um die dringend nötigen baulichen Einrichtungen zur Versorgung der Kinder in der zerstörten Stadt zu schaffen. Anfang 1947 war es ihre erste Tätigkeit, dieses Programm aufzunehmen und wieder vorzubringen. Der Vorschlag wurde von der Stadt Wien nicht angenommen, wie viele andere, die in den kommenden Jahren folgten.

Erstmals für die Stadt Wien tätig wurde sie bei den großen Ausstellungen im Rathaus, die unter der Leitung von Victor Theodor Slama entstanden. »Wien baut auf« wurde im Herbst 1947 gezeigt, ein Jahr später gestaltete sie die Ausstellungsarchitektur für »Wien 1848«.

Margarete Schütte-Lihotzky befasste sich intensiv mit Fragen des Wiederaufbaus. Für die Kommunistische Partei Österreichs (KPÖ) erarbeitete sie das Neue Wiener Wohnbauprogramm, das auf umfangreichen Recherchen des Bedarfs beruhte und durchdachte Angaben zur Realisierung des Wiederaufbaus enthielt, basierend auf einer Finanzierung nach dem Muster der Wohnbausteuer in der Zwischenkriegszeit. Noch im selben Jahr 1947 entwickelte sie das Konzept für eine Wohnbau-Ausstellung mit dem Titel »Wie sollen neue Wohnungen aussehen?«, um der Allgemeinheit die Möglichkeit zu geben, sich mit Fragen des zeitgemäßen Wohnungsbaus auseinanderzusetzen. Der Vorschlag wurde nicht angenommen, die Ausstellung nicht realisiert.

Soziales Bauen, Wohnbau und Bauten für Kinder waren die Schwerpunkte der Architektin, basierend auf den Erfahrungen, die sie in der ersten Hälfte des 20. Jahrhunderts, der Zeit vor dem Zweiten Weltkrieg, gesammelt hatte. Die ungeheure Zäsur durch Gewalt, Diktatur und Zerstörung durch das nationalsozialistische Regime ermöglichten weder der Stadtverwaltung noch der Gesellschaft, an die Erkenntnisse der Vorkriegszeit anzuschließen.

Trotzdem international

Margarete Schütte-Lihotzky wurde zur ersten Nachkriegs-Tagung der CIAM (Congrès Internationaux d'Architecture Moderne) 1947 in Zürich eingeladen und nahm auch am ersten Kongress 1947 in Bridgwater (England) teil. Danach initiierten Margarete und Wilhelm Schütte die Gründung der CIAM Austria Gruppe, Vorsitzender wurde Professor Oswald Haerdtl. Auch am CIAM-Kongress 1949 in Bergamo nahm Margarete teil.

1951, bei der Tagung der CIAM Austria in Wien, hielt die Architektin das Referat »Bauten für Kinder«, wodurch ihre große internationale Erfahrung und Expertise vor allem dem Fachpublikum bekannt wurde.[2] Margarete nahm an keinem weiteren CIAM-Kongress teil. Im Jahr 1951 trennten sich Margarete und Wilhelm Schütte. Wilhelm Schütte engagierte sich weiterhin für die Aktivitäten der CIAM. Berufliche Tätigkeiten führten die beiden jedoch über mehrere Jahre immer wieder zusammen. Margarete beteiligte sich an anderen internationalen Organisationen wie der UIA[3] und nahm u. a. am Kongress des Internationalen Verbandes für Wohnungswesen und Städtebau 1956 im Wiener Rathaus teil.

Öffentliche Aufträge und Boykott

Um als selbständige Architektin in Österreich arbeiten zu können, suchte Margarete Schütte-Lihotzky 1949 um die Befugnis als Ziviltechnikerin an und wurde durch diese Mitglied der Architekten- und Ingenieurkammer.[4]

Noch im selben Jahr erhielten sie und Wilhelm Schütte den Auftrag für die Planung eines Wohnhauses der Gemeinde Wien in der Barthgasse im 3. Bezirk. 1950 folgte für Margarete der Auftrag für die Planung eines Kindergartens im 2. Bezirk auf dem Kapaunplatz. Es war der 150. Kindergarten der Stadt Wien, benannt nach Friedrich Wilhelm Fröbel. Die Publikationen in der Buchreihe Aufbau und die Broschüre der Stadt Wien zeigen, dass dieser Bau gut ankam und positiv rezipiert

2 Grete Schütte-Lihotzky: Der neuzeitliche Kindergarten, in: Tagebuch, 23. 6. 1951, 6. Jg., 13, S. 3.

3 Die Union Internationale des Architectes (UIA) ist die größte internationale Vereinigung der ArchitektInnen mit Sitz in Paris, gegründet 1948.

4 Zeugnis der Ingenieurkammer für Wien, Niederösterreich und Burgenland: Befugnis eines Architekten, Wien am 22. 4. 1949, UaK, NL MSL, Inv.Nr. Preise Q/33.

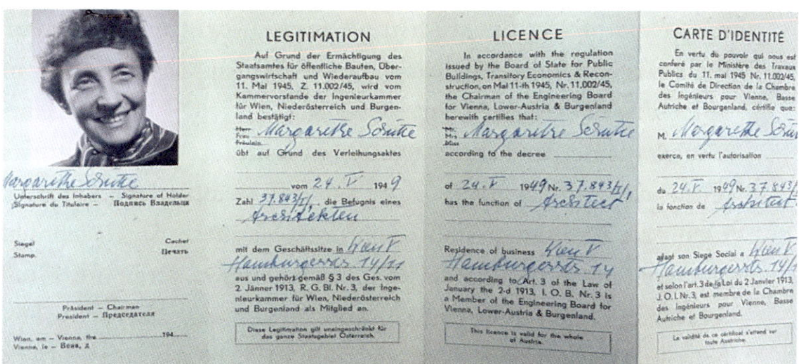

LEGITIMATION

Auf Grund der Ermächtigung des Staatsamtes für öffentliche Bauten, Übergangswirtschaft und Wiederaufbau vom 11. Mai 1945, Z. 11.002/45, wird vom Kammervorstande der Ingenieurkammer für Wien, Niederösterreich und Burgenland bestätigt:

Herr / Frau / Fräulein

übt auf Grund des Verleihungsaktes

vom 194

Zahl die Befugnis eines

mit dem Geschäftssitze in

aus und gehört gemäß § 3 des Ges. vom 2. Jänner 1913, R. G. Bl. Nr. 3, der Ingenieurkammer für Wien, Niederösterreich und Burgenland als Mitglied an.

Diese Legitimation gilt uneingeschränkt für das ganze Staatsgebiet Österreich.

Unterschrift des Inhabers – Signature of Holder
Signature du Titulaire – Подпись Владельца

Siegel / Stamp — Cachet / Печать

Präsident – Chairman
President – Председателя

Wien, am – Vienna, the 194
Vienne, le – Вена, д

LICENCE

In accordance with the regulation issued by the Board of State for Public Buildings, Transitory Economics & Reconstruction, on Mai 11-th 1945, Nr. 11,002/45, the Chairman of the Engineering Board for Vienna, Lower-Austria & Burgenland herewith certifies that:

Mr. / Mrs. / Miss

according to the decree

of 19 Nr.

has the function of

Residence of business

and according to Art. 3 of the Law of January the 2-d 1913, I. O. B. Nr. 3 is a Member of the Engineering Board for Vienna, Lower-Austria & Burgenland.

This licence is valid for the whole of Austria.

CARTE D'IDENTITÉ

En vertu du pouvoir qui nous est conféré par le Ministère des Travaux Publics du 11. mai 1945 Nr. 11.002/45, le Comité de Direction de la Chambre des Ingénieurs pour Vienne, Basse Autriche et Bourgenland, certifie que:

M.

exerce, en vertu l'autorisation

du 19 Nr.

la fonction de

ayant son Siege Social a

et selon l'art. 3 de la Loi du 2 Janvier 1913, J. O. I. Nr. 3, est membre de la Chambre des Ingénieurs pour Vienne, Basse Autriche et Bourgenland.

La validité de ce certificat s'etend sur toute Autriche.

Abb. 50: Legimitation von Margarete Schütte in drei Sprachen (vierte Sprache auf der Rückseite), ausgestellt von der Ingenieurkammer für Wien, NÖ und Burgenland am 24. 5. 1949

wurde.[5] Margarete Schütte-Lihotzky erhielt einen weiteren Auftrag für einen kleinen Wohnbau in einer städtebaulich schwierigen Lage an der Schüttelstraße/Ecke Helenengasse, Schnellbahnbrücke.

In den folgenden Jahren versuchte die Architektin, sich immer wieder bei der Stadt Wien für weitere Beauftragungen in Erinnerung zu bringen.

> »Mit großen Hoffnungen und dem leidenschaftlichen Wunsch, nach jahrelanger erzwungener Untätigkeit in Nazigefängnissen meine Arbeitskraft dem Wiederaufbau Wiens zu widmen, kehrte ich in die Heimat zurück. Aber alles sollte anders kommen.«[6]

Im Archiv findet sich der Schriftverkehr zu einem zugesagten Auftrag, der aus fadenscheinigen Gründen angeblich nicht realisiert werden könne. Als Roland Rainer Stadtplaner von Wien wurde, schlug

5 Der 150. Kindergarten der Stadt Wien »Friedrich Wilhelm Fröbel« XX. Kapaunplatz, Hg. Stadtbauamt der Stadt Wien, Buchreihe Der Aufbau, Heft 15, 12/1952; Architekt Grete Schütte-Lihotzky: Der 150. Kindergarten der Stadt Wien »Friedrich Wilhelm Fröbel«, in: Der Aufbau, 2/1953, S. 75–77.

6 Lutz Holzinger: Berufsverbot in Österreich, in: Volksstimme, Wien, 19. 12. 1976.

er Margarete Schütte-Lihotzky als Spezialistin zur Mitarbeit am Planungskonzept Wien für das Fachgebiet der Bauten für Kinder vor. Sein Vorschlag wurde abgelehnt. Margarete Schütte-Lihotzky schrieb an Vizebürgermeister Felix Slavik – keine Reaktion. Im Dezember 1960 entdeckte sie selbst zufällig, dass auf dem Bauplatz eines ihr vor Jahren zugesagten Wohnbaus inzwischen ein Gebäude errichtet worden war.[7] Mit zunehmender Verschärfung des Kalten Krieges wurde nun die öffentliche Ausgrenzung von KommunistInnen in allen Bereichen spürbar. Sie erhielten keine Aufträge, sie wurden boykottiert und ignoriert. Auch für Margarete Schütte-Lihotzky galt der Boykott über Jahre.[8] Erst 1961 gab es für sie wieder einen Auftrag der Gemeinde Wien für ein Kindertagesheim in der Rinnböckstraße im 11. Bezirk.

Engagement für Frauen

Als 1948 der Bund demokratischer Frauen Österreichs (BDFÖ) gegründet wurde, war Margarete Schütte-Lihotzky gerade in Paris, wo sie die österreichische Abteilung einer großen Frauenausstellung zur Tagung der Internationalen Demokratischen Frauenföderation (IDFF) – auch Weltbund Demokratischer Frauen – gestaltete.[9] In Abwesenheit wurde sie zur ersten Vorsitzenden gewählt. Sie nahm diese Funktion bis 1969 wahr und blieb dem BDFÖ danach als Ehrenpräsidentin auf Lebenszeit verbunden.[10] Für die Zeitschrift *stimme der frau* verfasste sie zahlreiche Artikel, die meisten zur Bedeutung und zu Fragen des Wohnens, einige als praktische Ratgeber, wie zum Beispiel »Hubers bekommen ein Kind«.[11] Auch Berichte über ihre Erfahrungen mit bedeutenden Persönlichkeiten und Reisen erschienen hier. Die Internationale Demokratische

7 Briefwechsel in Kassette Politisches, UaK, NL MSL.
8 Vgl. Holzinger: Berufsverbot in Österreich, 19. 12. 1976.
9 Die Internationale Demokratische Frauenföderation IDFF wurde nach dem Ende des Zweiten Weltkrieges 1945 gegründet. Erste Präsidentin war die Französin Eugénie Cotton.
10 Vgl. Kapitel 6. Bärbel Danneberg: Nicht nur Küche ... .
11 Die *stimme der frau* war eine Wochen-, später Monatszeitschrift, herausgegeben vom BDFÖ.

Abb. 51: Eugénie Cotton, Präsidentin der IDFF, in der Mitte, rechts neben ihr Margarete Schütte-Lihotzky applaudierend, bei einem Treffen anlässlich der Tagung des Weltfriedensrates in Wien, 1. 11.–5. 11. 1951

Frauenföderation war eine der einberufenden Organisationen des Weltfriedenskongresses in Paris 1949, an dem auch österreichische Delegierte teilnahmen. In der Folge konstituierte sich der Österreichische Friedensrat, in dessen vorläufigem Präsidium Lina Loos aufschien, die engagierte Journalistin und Vizepräsidentin des BDFÖ.[12]

In der Friedensbewegung

Im Juni 1950 fand der Erste Österreichische Friedenskongress, veranstaltet vom Österreichischen Friedensrat, im Wiener Konzerthaus statt. Margarete Schütte-Lihotzky war seit den Anfängen Mitglied des Friedensrates und gestaltete mit dem Maler Axl Leskoschek die Friedensausstellung für das Konzerthaus, die dann als Wanderausstellung durch Österreich zog. Dabei wurde aktiv für die Unterschriftenkampagne zur Ächtung der Atombombe und für nukleare Abrüstung, den sogenannten Stockholmer Appell, geworben. Margarete Schütte-Lihotzky nahm an weiteren Tagungen des österreichischen Friedensrates teil und arbeitete an Festgestaltungen und Ausstellungen an unterschiedlichen Wiener Orten, auch an solchen, die es heute in dieser Form nicht mehr gibt,

12 Lina Loos starb im Juni 1950. Vgl. Lina Loos zum Gedächtnis, in: Tagebuch, Wien, 24. 6. 1950, 5. Jg., 13, S. 1.

wie die Zedlitzhalle im 1. Bezirk oder den Dreherpark in Meidling.[13] Die Weltjugendfestspiele 1959 waren ein Wiener Großereignis, das Organisation und unterschiedlichste Aufbauten in der gesamten Stadt erforderte. Doch hier zeigte sich die Wirkung des Kalten Krieges. Die Gesamtheit der bürgerlichen, religiösen und sozialistischen Organisationen lehnte die linke, kommunistische Großveranstaltung ab, auch medial wurde das Ereignis massiv boykottiert.[14]

Im Jahr 1962 fand in Wien ein Welttreffen der Frauen für Abrüstung statt, bei dem Margarete Schütte-Lihotzky sprach.[15] Ab 1975 war sie im Vorstand des österreichischen Komitees für europäische Sicherheit und Zusammenarbeit (KSZE) und nahm am 2. Brüsseler Forum der KSZE teil. Ebenso bereitete sie in diesem Jahr die Ausstellung »30 Jahre Hiroshima« für den Friedensrat vor. Die höchste Anerkennung des Weltfriedensrates, die Joliot-Curie-Medaille, wurde ihr anlässlich ihres 80. Geburtstages im Jahr 1977 verliehen. Darüber schrieb Elfriede Jelinek:

»Grete Schüttes 80. Geburtstag habe ich mit ihr im Büro des österreichischen Friedensrats gefeiert. Romesh Chandra, der Präsident des Weltfriedensrates, hat eine Rede gehalten und gemeint, der Anlaß, den Geburtstag einer Architektin zu feiern, solle symbolisch stehen für die Notwendigkeit, den Frieden auf der Welt, wo er nicht herrsche, endlich aufzubauen.«[16]

13 Vgl. die Seiten 132 f. und 139 im vorliegenden Kapitel.

14 Wir nahmen nicht teil. Ein Bericht des österreichischen Bundesjugendringes über die VII. Kommunistischen Weltjugendfestspiele in Wien 1959, Wiener Neustadt 1962.

15 Eine Frauendelegation, darunter Margarete Schütte-Lihotzky, nimmt in der Folge an den internationalen Genfer Abrüstungsverhandlungen teil. Vgl. Marion Lindner: Wien nach 1945: Architektur, Politik und Engagement für die Frauen, in: Renate Allmayer-Beck, Susanne Baumgartner-Haindl u. a., Hg. Peter Noever, MAK: Margarete Schütte-Lihotzky. Soziale Architektur – Zeitzeugin eines Jahrhunderts, Wien 1996, S. 193–203, hier S. 199.

16 Elfriede Jelinek: Glückwünsche zum 100. Geburtstag, in: Margarete Schütte-Lihotzky geboren 1897, Album spezial, Der Standard, Wien 24. 1. 1997.

KPÖ als Auftraggeberin

Die Volksstimmefeste, die jährlich von der gleichnamigen Zeitung der KPÖ veranstaltet wurden, sind nicht nur große Volksfeste, sondern auch Zusammenkünfte von Delegierten aus den Ländern Osteuropas. Die Gestaltungen der Feste auf der Jesuitenwiese im Wiener Prater planten in den Jahren 1950 bis 1952 Margarete und Wilhelm Schütte.

Der Globus-Verlag der KPÖ, gegründet 1945, hatte Produktionsstätten am Fleischmarkt 1–5 (Zeitungsdruckerei) und in der Gumpendorfer Straße 40–44 (Buch- und Kunstdruckerei). Eine Reihe von Publikationen wurde gegründet, darunter die *Volksstimme*, die im August 1945 erstmals erschien, und die *stimme der frau*.

1952 fiel der Entschluss, eine Großdruckerei zu bauen und die getrennten Bereiche an einem neuen Standort zusammenzuführen.[17] Das Globus-Haus-Komitee der KP beauftragte die ArchitektInnen Margarete Schütte-Lihotzky, Wilhelm Schütte, Fritz Weber und Karl Eder mit der Planung des Druckerei- und Verlagsgebäudes Globus im 20. Bezirk. Das Bürohaus auf dem Höchstädtplatz entstand nach dem Entwurf von Wilhelm Schütte. Margarete Schütte-Lihotzky plante den viergeschoßigen Bauteil an der Meldemannstraße, der Betriebs-, Sozialräume und den Veranstaltungssaal umfasste.

Die fünf Buchhandlungen, die der Globus-Konzern in Wien betrieb, waren die Zentralbuchhandlung, das Internationale Buch, die Fachbuchhandlung, die Arbeiterbuchhandlung und die Buchhandlung im Globushaus. Diese stellten lange Zeit hindurch eine wesentliche Bereicherung für Wien dar, da sie die einzigen Orte in der Stadt waren, wo sozialistische, politisch linksorientierte Literatur vertrieben wurde. Im normalen Vertrieb konnten diese Bücher aufgrund des Boykotts kommunistischen Gedankenguts nicht verkauft werden.

Die Adaptierung und Renovierung der Arbeiterbuchhandlung erfolgte 1952 nach Plänen Margarete Schütte-Lihotzkys. Elf Jahre später

17 Gabriele Kaiser: »Wir legen den Grundstein für das Haus der Wahrheit.« Der Neubau der Globus Zeitungs-, Druck- und Verlagsanstalt (1954–1956), in: Wilhelm Schütte Architekt, 2019, S. 139–151, hier S. 140.

wurde Wilhelm Schütte mit dem Umbau der Geschäftsfassade beauftragt, die in großer Ähnlichkeit zu Margaretes ursprünglicher Planung ausgeführt wurde.[18] Heute existiert an diesem Standort keine Buchhandlung mehr.

Das ArchitektInnenteam des Globus-Komplexes arbeitete im Planungszeitraum von 1953 bis 1956 gemeinsam, zuerst in den Globus-Büroräumen am Fleischmarkt, dann direkt im neuen Gebäude am Höchstädtplatz. 1955 legten Margarete Schütte-Lihotzky und Wilhelm Schütte gemeinsam mit Fritz Weber, einem wichtigen Partner und Kollegen, einen Entwurf für den Neubau des Heinrichshofes vor, der einen Platz vor der Staatsoper hätte entstehen lassen.[19] Das Gebäude des Heinrichshofes von Theophil Hansen war zu Kriegende weitgehend zerstört. Verschiedene Vorschläge und Auseinandersetzungen zur Nutzung dieses zentralen, einmaligen Grundstücks der Stadt entstanden. In den Jahren 1955/56 wurde hier schließlich der Opernringhof errichtet.

Bauten für Kinder

Für das Projekt des städtischen Kindertagesheims in Wien Simmering 1961 nahm Margarete Schütte-Lihotzky die grundlegende Idee des Kindergartens mit zentraler Halle wieder auf.[20] Aus der Summe ihrer Erfahrungen zum Kindergartenbau entwickelte sie das Baukastensystem für Kindertagesheime, mit dem unterschiedliche Grundrisssysteme aus Bauelementen für Gruppen- und Betriebsräume, die auf verschiedenste Weise kombinierbar sind, geschaffen werden können. Sie stellte das Baukastensystem, das konstruktiv als Fertigteilbau geplant war, dem Wiener Stadtbauamt und auch anderen möglichen Produzenten vor. Es wurde nicht realisiert.

18 David Baum in: Wilhelm Schütte Architekt, 2019, S. 86.

19 Margarete Schütte-Lihotzky und Fritz Weber hatten 1948 bis 1950 den Kärntner Volksverlag in Klagenfurt geplant.

20 Der erste Entwurf eines Pavillonkindergartens mit zentraler Halle war in Frankfurt 1929 entstanden. Vgl. Susanne Baumgartner-Haindl: Für Kinder bauen, in: Soziale Architektur, S. 247–260, hier S. 250.

Auch ihre Entwurfslehre für Kindergärten und Kinderkrippen, die sie 1946 in Bulgarien erstmals verfasst hatte, blieb bis heute unveröffentlicht. Elemente daraus waren bei der Ausstellung »Unsere Schule« 1952 im Wiener Messepalast zu sehen. Weitere Bearbeitungen verfasste sie für die Bauakademie in Berlin (Ost) 1954 und neun Jahre später 1963 für das Erziehungsministerium in Kuba, wo sie zur gleichen Zeit zum UIA-Kongress in Havanna geladen war.

Die Themen Gesundheit und Hygiene sind bei vielen Details ihrer Planungen berücksichtigt, von der Notwendigkeit der Querdurchlüftung der Räume für gute Luft bis zu Abständen von Handtuchhaken in den Kindergärten.

Wohnen im Alter

Margarete hatte in ihrer Jugend eine Tuberkulose-Erkrankung überstanden. Im Laufe der Jahrzehnte erlebte sie immer wieder Rückfälle, die zu Sanatoriumsaufenthalten führten. Im Jahr 1969 musste sie für einige Monate in die Lungenheilstätte Schwarzach. Danach bezog sie ihre neue Wohnung in der Franzensgasse. Aus dem Gründerzeithaus in der Hamburgerstraße übersiedelte sie in ein neu errichtetes Wohnhaus. Im sechsten Stock des Hauses konnte sie eine Wohnung mit Dachterrasse ganz nach ihren Vorstellungen für sich planen.[21] Vor den Wohnräumen liegt ein großer Dachgarten, der den Aufenthalt im Freien ermöglicht und damit zu Gesundheit und Wohlbefinden beiträgt. Exemplarisch für ihre Gedanken zum Wohnen für ältere Menschen steht nicht nur die eigene Wohnung, sondern darüber hinaus die Ergänzung durch eine direkt angrenzende Kleinwohnung, in der im Falle des Bedarfs eine Betreuungsperson leben sollte.

1968 starb Margaretes Schwester Adele und hinterließ ihr das Haus in Radstadt.[22] Margarete adaptierte es für sich und verbrachte in

21 Vgl. Kapitel 1. Ulrike Jenni: Margaretes Wohnungen in Wien, in diesem Buch und Abbildungen auf den Seiten 36 f.

22 Margarete Schütte-Lihotzkys Wohnhaus in der Bürgerbergstraße 3 steht unter Denkmalschutz. Zu ihrem 100. Geburtstag im Jahr 1997 benannte die Stadtgemeinde Radstadt einen Platz nach ihrer Ehrenbürgerin.

der Folge jedes Jahr die Sommermonate im Haus in Radstadt, viele Jahre hindurch auch in Begleitung ihres Gefährten Hans Wetzler.[23]

»Ein Weltkrieg ist inzwischen über Europa hinweggebraust – außerordentliche wirtschaftlich-technische und gesellschaftliche Veränderungen sind in den verflossenen 60–70 Jahren vor sich gegangen – wir aber bauen seit Jahrzehnten immer noch unsere Ein-, Zwei-, Drei- und Vierzimmerwohnungen, wie wenn nichts geschehen wäre. Ist das nicht grotesk?«[24]

Im Alter von 93 Jahren schrieb die Architektin über ihre Sicht auf das 20. Jahrhundert und die Entwicklung der Aufgabe des Sozialen Bauens. In ihrer Analyse des Lebens der Menschen benannte sie vier grundlegende Veränderungen in diesem Jahrhundert: die allgemeine Berufstätigkeit der Frau, der Wunsch nach Kommunikation, die Erfahrungen mit Randgruppen und die veränderte Beziehung zur Natur.

Mit ihren Vorschlägen und Schlussfolgerungen forderte sie: Es sind zentrale Dienstleistungen und Räume zur Kommunikation anzubieten, verschiedenste Mischformen und Kombinationen von Wohnungen für verschiedene Bevölkerungsgruppen zu entwickeln, und sie sprach sich entschieden gegen das Wohnen im Einfamilienhaus mit Garten aus. Sie schlug begrünte Wohnberge vor.

»Solche Wohnberge, rundherum von bepflanzten Terrassengärten umgeben, würden die Landschaft, statt sie durch hohe Wohnblöcke zu zerstören, beleben und bereichern.«[25]

23 Willi Weinert: Hans Wetzler, der Freund Grete Schütte-Lihotzkys, in: Neue Volksstimme, Wien 1/2000, S. 31–32.

24 Margarete Schütte-Lihotzky: Begrünte Wohnberge. Eine städtebauliche Utopie für künftiges Wohnen, Manuskript, Dezember 1990, UaK, NL MSL, 204/1/TXT; vgl.: Begrünte Wohnberge für die Zukunft, in: Der Standard, Album spezial, 24. 1. 1997.

25 Schütte-Lihotzky: Begrünte Wohnberge, 1990, UaK, NL MSL, Inv.Nr. 204/1/TXT.

Als in Wien das Musterprojekt Frauen-Werk-Stadt initiiert wurde, war sie, obwohl bereits 97-jährig, gerne bereit, den Ehrenvorsitz der Jury zu übernehmen. Bei dem Expertinnenverfahren waren acht Architektinnen geladen, eine Wohnhausanlage nach frauen- und alltagsgerechten Kriterien zu planen. Aus Sicht der hocherfahrenen Architektin war es sehr zu begrüßen, dass Frauen mehr Einfluss im Wohnbau und Aufträge erhalten sollten. Sie fand das gesamte Programm durchaus fortschrittlich. Die Herangehensweise über die Analyse der Lebensgewohnheiten hatte sie schon 70 Jahre zuvor begonnen und immer wieder darüber geschrieben. Die grundlegenden Ideen gehen eindeutig auf sie zurück.

Erfahrungen an die nächste Generation weiterzugeben, wurde ihr ein großes Anliegen. Aufklärend und informativ waren die Filmabende, die Margarete mit dem Frauenkomitee für antifaschistische Filmvorführungen in der Wiener Urania organisierte.[26]

1980 hielt sie Vorträge über ihr Lebenswerk an der Technischen Universität Wien und in der ÖGFA (Österreichische Gesellschaft für Architektur). Sie arbeitete an autobiografischen Texten und schrieb zuerst über die Zeit des Widerstandes gegen den Nationalsozialismus und die Gefangenschaft. Das Buch »Erinnerungen aus dem Widerstand« erschien 1985 erstmals im Hamburger Konkret Verlag und im selben Jahr im Verlag Volk und Welt in Berlin Ost, DDR. Die erste Ausgabe in Österreich wurde 1994 durch den Promedia Verlag, Wien, veröffentlicht. Weitere Lebenserinnerungen wurden erst aus ihrem Nachlass publiziert.[27]

Späte Ehrungen

Mit dem Preis für Architektur der Stadt Wien begannen 1980 die Ehrungen ihrer späten Jahre. Es folgten zahlreiche Auszeichnungen, Ehrenmitgliedschaften und Ehrendoktorate im In- und Ausland. 1989 erhielt sie den Preis der IKEA-Stiftung für ihre Leistungen und Ideen zur Hebung der allgemeinen Wohnkultur, die sie bereits Anfang der 1920er Jahre in Wien formuliert hatte.

26 Vgl. Kapitel 6. Bärbel Danneberg: Nicht nur Küche ….

27 Vgl. die Auswahlbibliografie im Anhang.

Unter dem Titel »Margarete Schütte-Lihotzky. Soziale Architektur – Zeitzeugin eines Jahrhunderts« fand 1993 im Museum für angewandte Kunst in Wien erstmals eine Ausstellung zum Gesamtwerk der Architektin statt.[28] Im selben Jahr wurde ihr das Österreichische Ehrenzeichen für Wissenschaft und Kunst verliehen.

Anlässlich ihres hundertsten Geburtstages 1997 erhielt sie das Große Goldene Ehrenzeichen der Republik Österreich, und es wurde das Margarete Schütte-Lihotzky Projektstipendium zu Ehren der verdienstvollen österreichischen Architektin eingerichtet. Dessen Verwaltung wurde – als offizielles Geschenk des Bundes – vom Bundeskanzleramt bzw. dem Kunstministerium übernommen und von diesem als jährliche Förderung von ArchitektInnen ausgeschrieben. Jedes Jahr vergibt eine neu zusammengesetzte Jury aus den Bewerbungen fünf Stipendien.

Im hohen Alter wurde Margarete Schütte-Lihotzky gewürdigt und gefeiert. Ihr politisches Verständnis und ihr Aktivismus blieben dabei unverändert. Sie gehörte zu jener Gruppe österreichischer NS-Verfolgter, die 1995 Jörg Haider öffentlich anklagte nach einer Debatte im österreichischen Parlament über ein rassistisch motiviertes Bombenattentat, dem vier österreichische Roma zum Opfer gefallen waren.

Am 18. Jänner 2000, fünf Tage vor ihrem 103. Geburtstag, starb die Architektin in Wien. Es fand eine große Verabschiedungsfeierlichkeit statt und sie erhielt ein Ehrengrab auf dem Wiener Zentralfriedhof.

28 Vgl. Kapitel 7. Renate Allmayer-Beck und Chiara Desbordes: Reise in die Vergangenheit.

Abb. 52: »Wien baut auf.« Ausstellung anlässlich zweier Jahre des Wiederaufbaus der Stadt Wien, 1947, Titelseite des Ausstellungskatalogs

Ausstellungen im Festsaal des Wiener Rathauses, 1. Bezirk 20

Ausstellung »Wien baut auf«

Mitwirkung an der Ausstellungsgestaltung als Gruppenleiterin für die Stadt Wien, Gesamtplanung Stadtbauamt Wien, künstlerische Gestaltung und technische Leitung: Prof. Victor Theodor Slama, GruppenleiterInnen: Arch. Margarete Schütte-Lihotzky u. a.
Festsaal des Rathauses
September bis Oktober 1947

Die Ausstellung stand unter dem Motto: »Nach Tod und Zerstörung durch Planung und Aufbau zu Friede und Wohlstand.«

Bilder von Zerstörung und Wiederaufbau waren zu sehen. Die Einleitung bildete ein historischer Überblick zur Entwicklung der Stadt. Dann folgten umfassende Darstellungen zu aktuellen Themen wie dem technischen Wiederaufbau, dem Wohnungs- und Siedlungswesen, zu Ernährungsfragen, Kultur, Verkehr und Finanzpolitik.

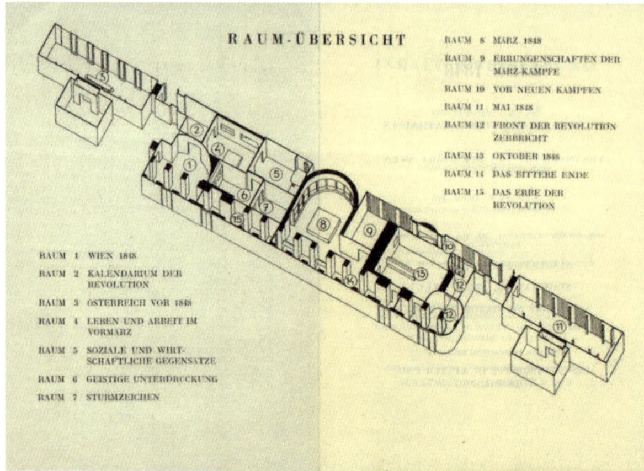

Abb. 53: »Wien 1848«. Kleiner Wegweiser durch die Ausstellung im Rathaus, 1948, Doppelseite Raumübersicht

Ausstellung »Wien 1848«

Ausstellungsgestaltung für die Stadt Wien, künstlerische Gesamtplanung und technische Leitung: Prof. Victor Theodor Slama, Architektur: Arch. Margarete Schütte-Lihotzky
Festsaal des Wiener Rathauses
April bis Mai 1948

Die Ausstellung behandelte die Revolution von 1848 und deren Auswirkungen auf das Leben in Österreich. Margarete Schütte-Lihotzky gestaltete die Ausstellung mit Aufbauten im gesamten Festsaal.

Abb. 54: Mahnmal für die Opfer für ein freies Österreich 1934–1945, Zentralfriedhof, 2015

Mahnmal für die Opfer für ein freies Österreich 1934–1945, 11. Bezirk 21

mit Wilhelm Schütte und Fritz Cremer
Zentralfriedhof, Gruppe 41, Rundplatz
1948

Die Gestaltung dieses Mahnmals soll an die Einschränkungen, die Unterdrückung und das Leid erinnern, die von den autoritären und faschistischen Systemen des Ständestaates und des Nationalsozialismus verursacht wurden, sowie an die Anklage und den Kampf der Menschen bis zur Befreiung für ein neues freies Leben.

Der Bildhauer Fritz Cremer schuf die drei Figuren: eine gebeugte verhüllte Frauengestalt, eine Figur mit erhobenem Haupt und emporgestreckten Armen, auf der obersten Stufe der befreite Mensch.[29] Margarete Schütte-Lihotzky und Wilhelm Schütte planten die Anlage für das besondere Grundstück auf dem Zentralfriedhof.

29 https://www.geschichtewiki.wien.gv.at/Mahnmal_für_die_Opfer_für_ein_freies_Österreich_1934_bis_1945 (abgerufen am 11. 6. 2021).

Abb. 55: Barthgasse, 1950

Wohnhaus Barthgasse, 3. Bezirk

22

für die Gemeinde Wien
mit Wilhelm Schütte
Barthgasse 5–7, 1030 Wien
1949–1950

Den ersten Auftrag für einen Wohnbau, den Margarete Schütte-Lihotzky nach dem Zweiten Weltkrieg von der Gemeinde Wien erhielt, realisierte sie gemeinsam mit ihrem Mann Wilhelm Schütte. Das Haus in der Barthgasse zeigt eine breite Straßenfront mit drei Hauseingängen und vier Erkerachsen. Die drei Stiegen erschließen in jedem Geschoß zwei Wohnungen. Jede Wohnung ist durchgehend von der Straßen- zur Hofseite geplant und kann somit quergelüftet werden, außerdem wurden alle Wohnungen – außer jene im Erdgeschoß – mit einer Loggia bzw. einem Balkon ausgestattet. Diese Qualitäten sind auf die Wohnbauerfahrung der Architektin seit der SiedlerInnenbewegung zurückzuführen. Die Zwei- und Dreizimmerwohnungen verfügen jeweils über ein eigenes Bad und WC. Die Küche ist dem Wohnraum zugeordnet. Die Beheizung erfolgte noch mittels Einzelöfen in den Zimmern. Wohnungsgröße und Standards entsprechen der typischen damaligen Ausstattung.

Die Loggien wurden später verglast, nur die Terrassen im 5. Stock bestehen noch unverändert. Die Straßenfassade wurde 1990 renoviert und dabei die ursprüngliche Farbgebung verändert. Eine Sanierung der Wohnhausanlage folgte in den Jahren 2003 bis 2005, wobei Fenster und Türen erneuert und die Anlage an die Fernwärme angeschlossen wurde.[30]

30 www.wienerwohnen.at/hof/450/Barthgasse-5-7 (abgerufen am 11. 6. 2021).

Abb. 56: Volksstimmefest 1952

Volksstimmefeste, 2. Bezirk

23

Festgestaltung für die KPÖ mit Wilhelm Schütte
Jesuitenwiese im Prater
1950, 1951, 1952

Seit 1945 veranstaltet die kommunistische Tageszeitung *Volksstimme* jedes Jahr Anfang September das Volksstimmefest. Margarete und Wilhelm Schütte führten für diese Feste zumindest drei Jahre lang die Gestaltung der Festaufbauten, der Arenabühne, der Ausstellungspavillons, des Tombolazeltes sowie die Bauleitung aus.

Abb. 57: Bericht über die Tagung des ersten Österreichischen Friedenskongresses in Wien, Globus-Verlag 1950, Titelseite

Friedensausstellung auf dem ersten Österreichischen Friedenskongress, 3. Bezirk

24

für den österreichischen Friedensrat
Konzerthaus
1950

Der erste Österreichische Friedenskongress fand am 10. und 11. Juni 1950 im Wiener Konzerthaus statt. Dabei wurde eine Friedensausstellung gezeigt, die von Architektin Schütte-Lihotzky und dem Maler Axl Leskoschek entworfen und gestaltet war. Die Ausstellung bestand aus 20 Tafeln und war als Wanderausstellung konzipiert, um »die Gedanken des Friedens bis in das letzte Dorf unseres Landes zu tragen«.[31]

31 Bericht über die Tagung des 1. Österreichischen Friedenskongresses in Wien am 10. und 11. Juni 1950, Hg. Österreichischer Friedensrat, Wien 1950.

Abb. 58: Pfingstjugendtreffen: Dekoration Eislaufverein, Plan Tusche auf Transparent, teilweise Tempera, 1951

Pfingstjugendtreffen, 3. Bezirk

25

Festgestaltung am Wiener Eislauf-Verein
Lothringerstraße 22, 1030 Wien
für die Freie Österreichische Jugend (FÖJ)
12. 5.–14. 5. 1951

Der Wiener Eislauf-Verein (WEV) ist ein traditioneller Wiener Sportverein, der seit 1901 den Eislaufplatz auf dem Wiener Heumarkt betreibt. Die große, zentral gelegene Freifläche bietet während der Sommermonate Platz für andere sportliche Aktivitäten oder wird für verschiedene Nutzungen vermietet.[32]

Das groß angelegte Treffen im Jahr 1951 fand an verschiedenen Plätzen in Wien statt, Hauptveranstaltungsort war das Praterstadion. Die Festtribüne beim Parlament gestaltete Wilhelm Schütte.

Margarete Schütte-Lihotzky entwarf die Fest- und Bühnengestaltung des Eislaufvereins, die Gestaltung des Schwarzenbergplatzes und des Hochstrahlbrunnens.

32 http://www.wev.or.at (abgerufen am 13. 6. 2021).

Abb. 59: Autoladen, 1951

Autoladen, 1. Bezirk

26

für IFA Fahrzeuge, ein USIA-Betrieb[33] (nicht mehr existent)
Schubertring, 1010 Wien
1951

Margarete Schütte-Lihotzky gestaltete das Portal für einen Autoladen auf der Ringstraße. IFA steht für »Industrieverband Fahrzeugbau«. Dies war ein Zusammenschluss von Unternehmen des Fahrzeugbaus in der DDR. Leider gibt es keine Angaben darüber, wie lange das Geschäft bestanden hat.

33 USIA ist die Abkürzung für »Uprawlenje Sowjetskim Imuschestwa w Awstrij«: Verwaltung des sowjetischen Vermögens in Österreich.

Abb. 60: Kindergarten Kapaunplatz, 1952

Städtischer Kindergarten, 20. Bezirk — 27

für die Gemeinde Wien, Kapaunplatz, 1200 Wien
1950–1952

Das Gebäude steht unter Denkmalschutz nach § 2a DMSG, Verordnung für den 20. Bezirk, 2005. Der Kindergarten auf dem zentralen Platz der Wohnhausanlage Engelshof bietet vier Gruppen Platz. Durch den zentral gelegenen Eingang betritt man einen Vorraum, der den Blick direkt in den Spielsaal oder Bewegungsraum und weiter bis ins Freie zulässt. Darüber dominiert ein Fröbel-Zitat den Raum. Beidseitig führen Gänge in der symmetrischen Anlage zu je zwei Gruppen. Jeder Gruppenraum ist unabhängig über eine eigene Garderobe zugänglich. Dort befindet sich auch der Ausgang auf die gedeckte Terrasse und den Spielhof. Besonders fallen die drei Nischen im Gruppenraum auf, Hauswirtschafts-, Ruhe- und Waschnische. Die Raumhöhe ist darin etwas niedriger, um einen Spiel- und Rückzugsraum für die Kinder zu schaffen. Wichtig war die niedere Parapethöhe der großen Fenster, um die Verbindung zwischen dem Innen und Außen für die Kinder gut erlebbar zu machen. Tiefe Fensterbretter bilden gut belichtete Arbeitstische für die Kinder. Transparenz und Sichtverbindungen spielen im Kindergarten eine große Rolle, Übersicht und gute Überschaubarkeit sind wesentliche pädagogische Faktoren für die Qualität des Gebäudes.

Abb. 61: Kindergarten Kapaunplatz, 2019

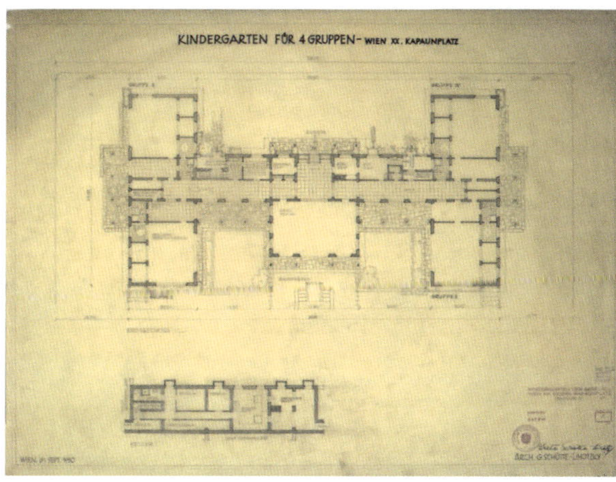

Abb. 62: Kindergarten für vier Gruppen, Kapaunplatz, Grundriss Erdgeschoß, Zeichnung Bleistift auf Transparentpapier, 1950

Im gemeinsamen Garten sind verschiedene Nutzungsbereiche angeordnet, etwa ein Badegarten mit Planschbecken, Sandspielplätze, Blumenbeete für Kinder und ein Spielhügel. Das Spielen mit Wasser ist heute aus hygienischen und aus Sicherheitsgründen nicht mehr möglich. Leiterinnen und Pädagoginnen schätzen ihr Haus als einen besonderen Ort für die Kinder.

Abb. 63: »Unsere Schule.« Plakat von Karl Köhler zur Ausstellung im Messepalast, 1952

Ausstellung »Unsere Schule«, 7. Bezirk 28

für die Stadtbaudirektion der Gemeinde Wien, Ausstellungsgestaltung und Teilnahme in der Abteilung für Kindergärten, Messepalast, 1070 Wien (heute Museumsquartier) 17. 5.–15. 6. 1952 im Rahmen der Wiener Festwochen

Die Ausstellung sollte die Wiederaufbauarbeit des Wiener Schulwesens zeigen und zugleich Wege und Ziele der modernen Schule sichtbar machen, die Erziehungsaufgabe sowie den Unterricht bis zur Matura oder Gesellenprüfung.[34] Margarete Schütte-Lihotzky bearbeitete die Gesamtgestaltung und zeigte in der Abteilung Kindergärten Pläne zu Gruppeneinheiten und deren Elemente sowie Grundrissschemata für Kindergärten mit zwei, drei und vier Gruppen. Sie erwähnt in ihrer Beschreibung auch die Präsentation eines Modells aus Elementen, die sich in Baukastenform zusammensetzen lassen.

34 Die Ausstellung »Unsere Schule«, in: Das Wiener Schulwesen 1945–1957, Hg. Stadtschulrat für Wien, 1957.

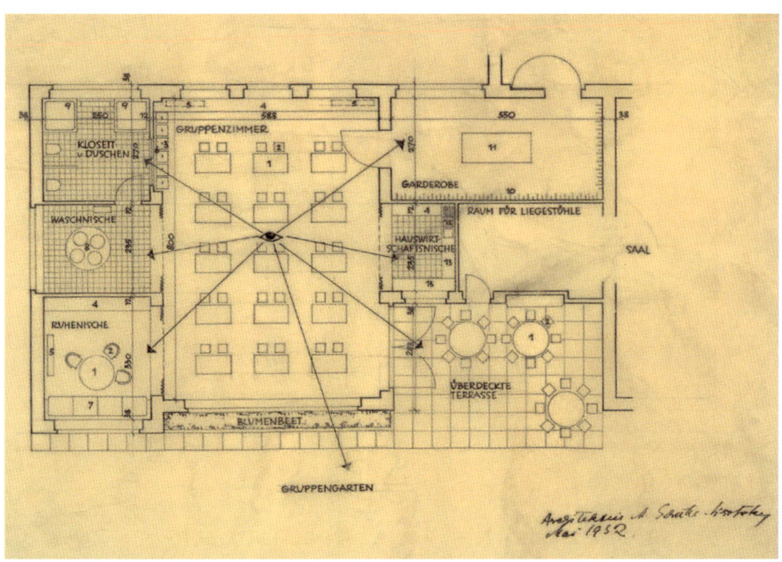

Abb. 64: Gruppenraum mit Spielnischen und überdeckter Terrasse, Grundriss 1952

Abb. 65: Zedlitzhalle (Ausstellungsgebäude des Hagenbundes) in der Zedlitzgasse 6

Ausstellungen für die Österreichisch-Polnische Gesellschaft, 1. Bezirk

29

in der Zedlitzhalle (nicht mehr existent), Zedlitzgasse 6, 1010 Wien
Ausstellung »Warschau heute«
Ausstellungsgestaltung
1952
Ausstellung »Der polnische Arbeiter baut auf«
Ausstellungsgestaltung
1953

Die Ausstellungen fanden in der Zedlitzhalle statt, die sich an der Stelle des heutigen Umspannwerks in der Zedlitzgasse im 1. Bezirk befand. Ursprünglich stand hier eine städtische Markthalle, die Ende des 19. Jahrhunderts von der Wiener Künstlervereinigung Hagenbund übernommen und zur Ausstellungshalle umgebaut wurde (architektonische Gestaltung von Josef Urban, Eröffnung im Jänner 1902 mit der ersten Ausstellung des Hagenbundes). Die

Halle wurde 1944 durch Bomben beschädigt, wiederaufgebaut und war bis 1961 in Betrieb.[35]

Die Ausstellung »Warschau heute« war als Wanderausstellung konzipiert. Architektin Schütte-Lihotzky sprach bei den Eröffnungen in Wien und in den Bundesländern.

35 Felix Czeike: Historisches Lexikon Wien, https://www.geschichtewiki.wien.gv.at/Zedlitzhalle_(1) (abgerufen am 12. 6. 2021).

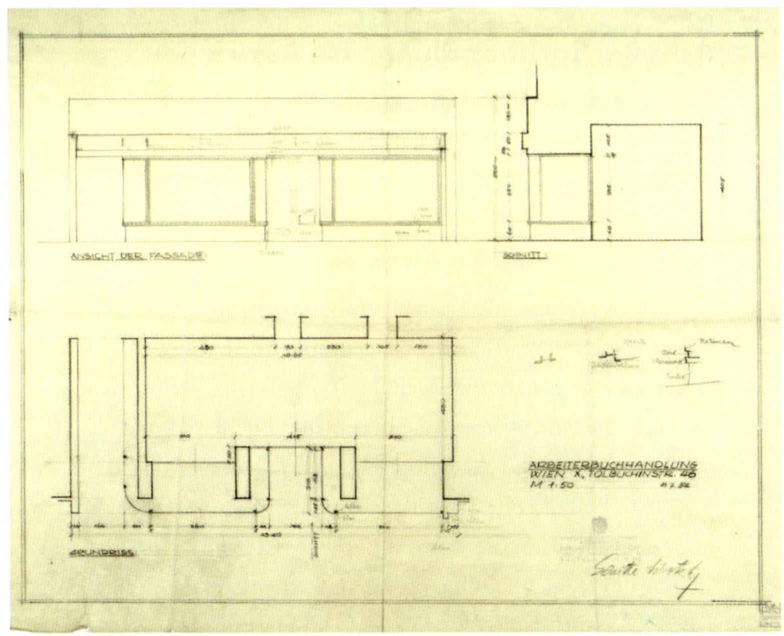

Abb. 66: Arbeiterbuchhandlung, Plan vom 11. 7. 1952

Arbeiterbuchhandlung, 10. Bezirk

30

für die KPÖ, nicht mehr existent
Tolbuchinstraße 46, heute Laxenburgerstraße 48[36], 1100 Wien
1952

Die Adaptierung und Renovierung der Arbeiterbuchhandlung im 10. Bezirk umfasste die Neugestaltung des Portals mit Schaufenstern. Die Metallrahmen waren blau-grau gestrichen, Sockel und Gesimse grau verblecht und entlang der Front war eine orange-weiß gestreifte Sonnenschutzplane vorgesehen. 1963 erfolgte eine weitere Adaptierung der Buchhandlung nach Plänen von Wilhelm Schütte mit geringfügiger Änderung des Portals.

Die Buchhandlung wurde von 1945 bis 1967 von Franz Freihaut[37] geführt, danach einige Jahre vom Verlagshaus Globus. Bis 2014 wurde an diesem Standort eine Buchhandlung geführt. Seither kam es durch andere Nutzungen zur Zerstörung und kompletten Veränderung des Erscheinungsbildes.

36 Die Laxenburger Straße war von 1946 bis 1956 nach dem sowjetrussischen Marschall Fjodor Iwanowitsch Tolbuchin benannt.

37 Franz Freihaut war Kommunist, kam 1938 in Gefangenschaft und überlebte die Konzentrationslager. Vgl. David Baum in: Wilhelm Schütte Architekt, 2019, S. 86.

Abb. 67: Wohnhaus Schüttelstraße, 2015

Wohnhaus Schüttelstraße, 2. Bezirk 31

für die Gemeinde Wien, Schüttelstraße 3, 1020 Wien
1952–1956

Das Wohnhaus weist eine schwierige städtebauliche Lage auf: Es liegt an der sehr stark befahrenen Schüttelstraße, Ecke Helenengasse, an der die Schnellbahn in Hochlage verläuft. Auf diesem Grundstück war die Gestaltung von Freiflächen für die Wohnungen nicht möglich. Die Architektin entschied sich für eine Lösung mit großen französischen Fenstern.

In der ersten Fassung der Planung dieses Wohnhauses gab es für das Haus mit Erdgeschoß, fünf Obergeschoßen, Dachgeschoß und Keller keinen Lift. Dabei wurde nach wie vor in den Wohnungen mit Einzelöfen geheizt. Die BewohnerInnen mussten Holz und Kohle im Keller lagern und im Kohlenkübel in die Wohnung tragen. Schütte-Lihotzky trat massiv für die Errichtung von Aufzügen in mehrgeschoßigen Wohnhäusern ein, als Präsidentin des BDFÖ forderte sie diese Investition von der Stadtverwaltung.[38] So sollte wenigstens ein Aufzugschacht baulich vorgesehen werden, um die Möglichkeit zu schaffen, den Lift auch später einzubauen. Das konnte bei diesem Projekt umgesetzt werden: Bestandspläne von 1956 zeigen, dass der Liftschacht mit errichtet wurde.

38 Margarete Schütte-Lihotzky war seit 1948 Präsidentin des Bundes demokratischer Frauen Österreichs (BDFÖ).

Abb. 68: Bühne im Dreherpark, Perspektivenzeichnung, 1953

Festgestaltung zur Tagung des Weltfriedensrates, 12. Bezirk

32

für den österreichischen Friedensrat
Dreherpark, Schönbrunner Straße 307, 1120 Wien
23. 11.–28. 11. 1953

Der Weltfriedensrat tagte im November 1953 zum zweiten Mal in Wien. Nach Angaben Schütte-Lihotzkys fand die Veranstaltung im Dreherpark statt, wo seit dem 19. Jahrhundert das Vergnügungsetablissement Weigl's Dreherpark existierte.[39]

Die gesamte Anlage wurde adaptiert, die Bühne im großen Veranstaltungsraum von der Architektin gestaltet und die Verbindungswege mit einer Ausstellung über berühmte Persönlichkeiten, die sich für den Frieden eingesetzt hatten, ausgestattet.

Heute existieren an der Adresse neu errichtete Bürohäuser und eine Grünfläche, ein Rest letzter Erinnerung an den Vergnügungspark mit teilweise altem Baumbestand.

39 Zwischen 1894 und 1925 stand hier die Katharinenhalle, die 4000 Personen fasste, https://www.geschichtewiki.wien.gv.at/Dreherpark_(12) (abgerufen am 11. 6. 2021).

Abb. 69: Globus-Komplex, rechts Schütte-Lihotzky-Trakt Meldemannstraße, 2019

Verlagsgebäude Globus, 20. Bezirk 33

mit Wilhelm Schütte, Fritz Weber und Karl Eder
Bauteil Meldemannstraße (heute teilweise verändert)
Höchstädtplatz 3, Meldemannstraße 12–14, 1200 Wien
1953–1956
Denkmalschutz Feststellungsbescheid 2018, Umfang: Außenerscheinung des Büro- und Kulturtraktes A (scheibenförmiges Hochhaus) und B (Schütte-Lihotzky-Trakt an der Meldemannstrasse), Stiegenhaus des Traktes A und vorderes Stiegenhaus des Traktes B samt dem Bestandsmodell der bauzeitlichen Anlage und der Vorplatz mit den Denkmälern »Opfern und Kämpfern gegen den Faschismus« von Alfred Hrdlicka und für Johann Koplenig

Der Parteiverlag der KPÖ begann 1945 mit Produktionsstätten am Fleischmarkt 1–5 (Zeitungsdruckerei) und in der Gumpendorfer Straße 40–44 (Buch- und Kunstdruckerei) zu arbeiten. Eine Reihe von Zeitschriften wurde gegründet. Darunter die *Volksstimme*, die am 5. August 1945 erstmals erschien, und die *stimme der frau*. 1952 fiel der Entschluss, eine Großdruckerei zu bauen und die getrennten Bereiche an einem neuen Standort zusammenzuführen. Das Globus-Haus-Komitee der KP beauftragte die ArchitektInnen Margarete Schütte-Lihotzky, Wilhelm Schütte, Fritz Weber und Karl Eder 1953 mit der Planung.[40] Das ArchitektInnenkollektiv bearbeitete das Projekt gemeinsam

Abb. 70: Saal im Schütte-Lihotzky-Trakt, Globus-Verlagsgebäude, 1956

in Büroräumen des Globus-Verlages am Fleischmarkt, später dann direkt im Gebäude am Höchstädtplatz.

Nach der Festlegung des Gesamtkonzeptes wurde das Gebäude in die entsprechenden Bauteile aufgeteilt und die Planung und Bauausführung von den einzelnen ArchitektInnen selbständig durchgeführt und abgewickelt. Der Gesamtkomplex besteht aus einem Bürotrakt (geplant von Wilhelm Schütte), einer großen Halle für die Druckerei und Buchbinderei (geplant von Fritz Weber), der Rotation (geplant von Karl Eder) und einem Trakt mit Veranstaltungssaal, Sozialräumen und den technischen Betriebsräumen. Margarete Schütte-Lihotzky entwarf diesen Trakt als viergeschoßigen Bauteil an der Meldemannstraße.

Der Eingang mit der Portiersloge in der Meldemannstraße Nr. 14 diente der internen Erschließung des Globus-Verlags. Im Erdgeschoß waren die technischen Betriebsräume (Photographie, Aufkupfern) untergebracht, im ersten Obergeschoß war die Verlagsleitung untergebracht, im zweiten Obergeschoß die Kantine und das Foyer, das ursprünglich als Cafeteria genutzt wurde, mit dem anschließenden großen Saal, der sich über das 2. und 3. Obergeschoß erstreckte. Entlang der Längswand des Saales verliefen als Verbindung der

40 Gabriele Kaiser: »Wir legen den Grundstein für das Haus der Wahrheit«, in: Wilhelm Schütte Architekt, 2019, S. 139–140.

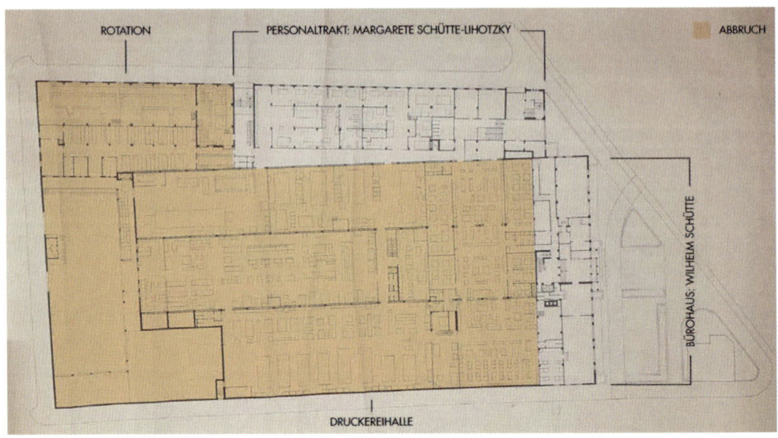

Abb. 71: Globus-Komplex, Grundriss Erdgeschoß, 1956, Plandruck (mit Darstellung des Abbruchs 2019)

Bauteile Gänge in beiden Geschoßen. Die Oberlichten des Saales verschafften zusätzlich Belichtung über den Laubengang.

Vor allem neue Produktionsverfahren und Computertechnik brachten den Verlag in die Krise. 1991 wurde die *Volksstimme* eingestellt. Der Globus-Verlag musste 1993 schließen. Für die Neunutzung wurde im Zuge des folgenden Umbaus im Veranstaltungssaal eine Decke eingezogen und damit zwei Bürogeschoße gebildet. Dabei weisen die straßenseitigen Büroräume noch die Höhe des ursprünglichen Saales mit den ebenso hohen Fenstern auf.[41]

Das Globus-Gebäude mit dem Veranstaltungssaal im Schütte-Lihotzky-Trakt wurde durch die Sendung »Phettbergs Nette Leit Show« für einige Jahre zur kulturellen Berühmtheit.

41 Margarete Schütte-Lihotzky und das »Globus«-Verlagsgebäude. Die Geschichte des heutigen ÖSB-Firmensitzes, zusammengestellt von Clemens Ragl, Wien 2005.

Durch Hochbauten auf dem Höchstädtplatz wurde die städtebauliche Situation völlig verändert und das Globus-Ensemble praktisch in den Schatten gestellt. Seit 2017 hat das Grundstück neue Eigentümer, sie planen eine völlige Neunutzung und Umstrukturierung durch den Abbruch des größten Teils des Bestandes. Ein Wohnquartier und Handelsflächen sollen entstehen. Es kam zur Einschaltung des Bundesdenkmalamtes, das mit dem Denkmalbescheid die Erhaltung der Außenerscheinung des Hochhauses und des Schütte-Lihotzky-Traktes an der Meldemannstraße erreichen konnte.[42]

42 Im Sommer 2020 waren der Abbruch der Halle sowie die Entkernungsarbeiten im Bürohaus und Versorgungstrakt Meldemannstraße bereits durchgeführt.

Abb. 72: Bühne am Rathausplatz, 1959; Plan Bleistift auf Transparent, teilweise Farbe

Festgestaltung Weltjugendfestspiele, 1. Bezirk 34

VII. Weltfestspiele der Jugend und Studenten für Frieden und Freundschaft für das Organisationskomitee
Rathausplatz, 1010 Wien
26.7.–4.8.1959

Initiatoren der Weltjugendfestspiele waren der Weltbund der demokratischen Jugend (WBDJ) und der Internationale Studentenbund (ISB). Beide, 1945 gegründet, hatten die Idee, die Jugend für Frieden, Freundschaft, Verständigung, gegen das Wettrüsten und die atomare Bedrohung zu einen und sich für das friedliche Zusammenleben der Völker und zu Solidarität mit der Dritten Welt zu bekennen. Die Weltjugendfestspiele fanden erstmals 1947 in Prag und danach alle zwei Jahre statt. Die größten und prächtigsten Spiele waren jene in Moskau 1957. Mit Wien wurde 1959 erstmals die Hauptstadt eines nichtsozialistischen Staates Austragungsort. Da der Staat und die staatlichen Jugendverbände nicht Gastgeber und Organisatoren waren, wurde ein Österreichisches Organisationskomitee gebildet mit Walter Hollitscher (Vorsitz), Karl Reiter (FÖJ), Oskar Reichenberger (Kinderland – Junge Garde) und Margarete Schütte-Lihotzky (Vorsitzende des BDFÖ). Die österreichische Bundesregierung hatte der Durchführung der Festspiele zugestimmt, »als freier demokratische Staat, der gar nicht anders handeln kann, …« (aus der Erklärung von Bundeskanzler Raab vom 14. 5. 1958). Es entstand eine massive Gegenkampagne der antikommunistischen Mehrheitsgesellschaft, vor allem die gesamte Wiener Presse boykottierte die Berichterstattung.[43] In den zehn Tagen des Festivals gab es 800 Veranstaltungen an verschiedenen Orten der gesamten Stadt: in der Stadthalle, dem Konzerthaus, dem Ronacher, in Theatern und Ausstellungshäusern, im Prater, auf Sportplätzen und in Gastwirtschaften. Die Eröffnungsfeier »Fünf Kontinente begrüßen Wien« fand im Wiener Stadion statt und endete mit einem Riesenfeuerwerk. Der Festabend der sowjetischen Delegation unter Anwesenheit von Bundeskanzler Raab wurde im großen Konzerthaussaal veranstaltet.

Die große Feier für Frieden und die Freundschaft zwischen den Völkern, gegen Atomwaffen, für Abrüstung und friedliche Koexistenz, für die Pablo Picasso eigenhändig eine 14 × 14 m große Zeichnung geschaffen hatte, die hinter der Bühne angebracht war, begann mit einem Umzug vom Schwarzenbergplatz zum Burgtheater und endete mit einer nächtlichen Kundgebung auf dem Heldenplatz.[44]

Margarete Schütte-Lihotzky hatte verschiedenste Baulichkeiten organisiert, darunter Unterkünfte für die Jugendlichen auf dem Messegelände im Prater, und vor allem plante sie die Festdekoration der Abschlussfeier auf dem Rathausplatz.

43 Wir nahmen nicht teil. Ein Bericht des österreichischen Bundesjugendringes über die VII. Kommunistischen Weltjugendfestspiele in Wien 1959, Hg. Österreichischer Bundesjugendring, 1962.

44 Hans Hautmann: Die Weltjugendfestspiele 1959 in Wien, in: Mitteilungen der Alfred Klahr Gesellschaft, Wien, Nr. 3/1999.

Abb. 73: Kindergarten Rinnböckstraße, Eingang, 2019

Städtisches Kindertagesheim, 11. Bezirk 35

für die Gemeinde Wien, Rinnböckstraße 47, 1110 Wien
1961–1963
Das Gebäude steht unter Denkmalschutz nach § 2a DMSG, Verordnung für den 11. Bezirk, 2008

Von der Straße aus sind nur eine Gartenmauer und ein dezenter Giebel zu sehen. Wenn man durch das Tor tritt und unter der Pergola auf den Eingang zugeht, spürt man bereits die ruhige, freundliche Atmosphäre dieser Anlage - eine Oase inmitten der sie umgebenden Wohnbauten. Kinderwägen können hier abgestellt werden.

Durch einen kleinen Vorraum, in dem eine Tafel über die Architektin des Hauses informiert, kommt man in die zentrale Halle. Spielmaterial und Fahrzeuge stehen bereit, Kinderstimmen sind aus den Gruppenräumen zu hören. Der große Raum ist gleichzeitig Erschließung und Bewegungsraum. Die Fenster zum Garten und in den Zwischenwänden zu den Garderoben der Gruppenräume schaffen Helligkeit, Transparenz und ermöglichen einen Überblick. Im Erdgeschoß bildet die kreuzförmige Anlage vier Gruppenräume aus, mit jeweils zugeordneten Terrassen und Freibereichen. Eine Stiege führt zum Zimmer der Leiterin und weiter zu einer Gruppe im Obergeschoß, welche eine Dachterrasse als Spielfläche im Freien nutzt. Den Gruppenräumen

Abb. 74: Kindergarten Rinnböckstraße, Gruppenraum mit Spielnischen, 1964

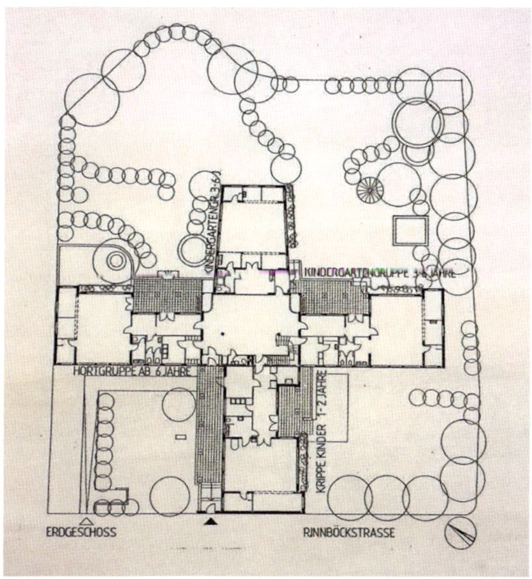

Abb. 75: Kindergarten Rinnböckstraße, Grundriss Erdgeschoß, Plandruck (bearbeitet: Beschriftung teilweise entfernt)

direkt zugeordnet sind Spielnischen mit niedrigen Raumhöhen als Bauecken, Kinderküchen oder Lese- und Ruhebereiche eingerichtet. Einrichtungselemente der Hauswirtschaftsnischen sind erhalten und in Verwendung.

Eine Generalsanierung des Hauses fand 1999 statt, dabei wurden Küchen und Waschräume auf einen neuen Stand gebracht, ausgemalt und gestrichen. Die Buchenholzleisten bei Fenstern und Türen wurden auf Wunsch der Architektin unverändert belassen.

Abb. 76: Margarete Schütte-Lihotzky, Belvederegarten, 1958

6. Frauenpolitisches Engagement

BÄRBEL DANNEBERG

Nicht nur Küche. Frauenpolitische Orte erinnern an Margarete Schütte-Lihotzky

Meine persönlichen Erinnerungen an Margarete Schütte-Lihotzky reichen in die beginnenden 1970er Jahre zurück. Ich war, aus Westberlin kommend, frisch in der Redaktion *stimme der frau* tätig, zuerst als Redaktionsaspirantin, später als leitende Redakteurin. Das Telefon, schwarz mit Hörer und Gabel, Handys gab es noch nicht, schrillte und eine etwas brüchige, aber energische Stimme insistierte: »Habt ihr auch nicht vergessen, die Filmvorführungen in der Urania in der Zeitung anzukündigen?« Diese Ermahnung von Grete begleitete mich während vieler Jahre meiner Redakteurinnenarbeit.

Die *stimme der frau*, die als erste Frauenzeitschrift der Zweiten Republik im Oktober 1945 erstmals erschien, war das Organ des Bundes Demokratischer Frauen (BDFÖ), dessen Vorsitzende und spätere Ehrenpräsidentin Margarete Schütte-Lihotzky war. Wenn ich heute in »meiner« Zeitschrift zurückblättere, dann erstaunt es mich, welch große Auswahl an antifaschistischem Filmmaterial das Frauenkomitee für die Filmveranstaltungen in der Urania, dem Grete Schütte-Lihotzky vorstand, getroffen hat. Beim Zurückblättern in die 1980er Jahre finden sich Ankündigungen zu Filmen wie »Sacco und Vanzetti« über streikende italienische Arbeiter in den USA der 1920er Jahre; »Das Boot ist voll«, ein Film über Menschen, die vor dem Hitler-Faschismus in die Schweiz flohen; »Vermisst« von Constantin Costa-Gavras über den chilenischen Militärputsch; oder der antifaschistische Film »David«, bei dessen Vorführung die Widerstandskämpferin Rosa Jochmann eine Ansprache hielt.

Gegründet wurde das Komitee Ende der 1950er Jahre, als Neonazis verschiedene Friedhöfe geschändet hatten. Die antifaschistischen Filmvorführungen, bei welchen oft namhafte Persönlichkeiten einleitend sprachen, hatten den Anspruch, der Jugend emotional und erzieherisch zu vermitteln, wie die Gefahren von Krieg und Faschismus rechtzeitig erkannt werden können.

Frauen brauchen Mitspracherecht

Persönlich kennengelernt habe ich die kleine, quirlige Frau im letzten Drittel des vergangenen Jahrhunderts auf verschiedenen Veranstaltungen des Bundes Demokratischer Frauen Österreichs, bei welchen Margarete Schütte-Lihotzky trotz ihres schon recht hohen Alters oft anwesend war. So etwa sticht mir ein Foto aus der *stimme der frau* vom Mai 1983 ins Auge, auf welchem Grete bei einer Veranstaltung vom Klub der politisch interessierten Frau im Rotpunkt mit der von den Nazis zum Tod verurteilten und später begnadigten Edith Schober zu sehen ist. Der Klub der politisch interessierten Frau war ein Zusammenschluss jüngerer Frauen mit Nähe zum BDFÖ, der von Maria Lautischer gegründet und über lange Jahre von ihr organisiert wurde. Er traf zunächst im Büro der BDFÖ-Vorsitzenden Irma Schwager im 2. Bezirk in der Taborstraße 46a zusammen, später im 5. Bezirk im Rotpunkt in der Reinprechtsdorferstraße, dann im 9. Bezirk in einem Kellerlokal in der Sensengasse. Die Widerstandskämpferin in der französischen Résistance, Irma Schwager, war ab 1972 Vorsitzende des Bundes Demokratischer Frauen und hat uns damals jungen, politisch interessierten Frauen den Wert von Solidarität und Widerstand gegen unmenschliche Verhältnisse vermittelt. »Das Wichtigste ist die Erhaltung des Friedens«, sagte sie oft zu uns in Erinnerung an den Faschismus und unter dem Eindruck ihres Aufenthaltes 1971 in Vietnam am Höhepunkt des Vietnamkrieges, »hütet ihn und kämpft dafür!«

Bis heute trifft sich der Wiener Arbeitskreis des BDFÖ bzw. des Klubs der politisch interessierten Frau im 3. Wiener Gemeindebezirk in der Frauenhetz, dem feministischen Frauenbildungszentrum. An dieser Adresse in der Unteren Weißgerberstraße 41/Ecke Hetzgasse war früher auch der Österreichische Friedensrat beheimatet, bei dem Grete Schütte-Lihotzky sich lange Zeit engagiert hatte. Heute befindet sich dort der Margarete Schütte-Lihotzky Raum mit den wunderbaren Ausstellungen und Erinnerungen an die große Architektin, deren Schaffen fälschlicherweise oft auf die Planung der Frankfurter Küche reduziert wird.

Ein Blick zurück in die Zeitungsseiten der *stimme der frau* zeigt, dass Margarete Schütte-Lihotzkys Wirkungsfeld weit über die Architektur hinausging – und dass ihr die Entwicklungschancen von Frauen besonders wichtig waren. In der Ausgabe 49 (Dezember 1955) entdecke ich folgenden Satz:

> »Der Bund Demokratischer Frauen Österreichs hat anlässlich des 10. Jahrestages der Gründung der Internationalen Demokratischen Frauenföderation eine Festsitzung unter dem Vorsitz von Frau Architekt Schütte-Lihotzky abgehalten.«

Und in der Ausgabe vom 7. Februar 1953 finde ich einen Artikel von Margarete Schütte-Lihotzky unter dem Titel »Planen und Bauen – Euch Frauen geht es an«. Sie war damals Kandidatin der Volksopposition (VO), eines Wahlbündnisses der Kommunistischen Partei Österreichs, der Sozialistischen Arbeiterpartei und der Demokratischen Union bei der Nationalratswahl 1953. Sie kandidierte im Wahlkreis VII unter dem Titel »Frauen ins Parlament« als »Schütte-Lihotzky Margarete, Architektin und Präsidentin des Bundes Demokratischer Frauen«. In dem Artikel in der *stimme der frau* heißt es in der Personenbeschreibung:

> »Ihr Beruf, dem sie voll Liebe ergeben ist, führte sie von Wien nach Deutschland, von dort in die Sowjetunion, nach Frankreich und China und in die Türkei. Eine Reihe sehr guter Bauten, auch in Österreich, stammt von ihr.«

Von 1953 bis 1956 plante und baute sie mit Fritz Weber, Karl Eder und Wilhelm Schütte die Druckerei und das Verlagsgebäude des Globus am Höchstädtplatz im 20. Bezirk, wo die Kommunistische Partei Österreich ihren Sitz hatte, die Tageszeitung *Volksstimme* produziert und gedruckt wurde und wo sich später in den 1980er Jahren auch die Redaktionsräume der *stimme der frau* und der Sitz des BDFÖ befanden.

In dem Artikel betont Grete, wie wichtig es ist, Frauen in die Planung der Städte, Häuser und Wohnungen bis hin zu den Möbeln und Küchenutensilien einzubeziehen, denn

»wir sind außerdem der größere Teil der Bevölkerung, die Verbraucher der Wohnungen, die Käufer aller Dinge für die Wohnung und deren Einrichtung, mehr als die Hälfte des Volksvermögens geht durch die Hände der Frauen (...). Wir Frauen brauchen unser Mitspracherecht in allen diesen Fragen in den öffentlichen Körperschaften, im Parlament und in den Gemeinden, wo wir entschlossen sind, unsere Forderungen nachdrücklich zu stellen. Und schließlich sind wir auch Steuerzahler. Die Wohnungsnot kann heute nicht mehr ohne Hilfe durch öffentliche Mittel gelindert werden, und es sind unsere Steuergelder, es sind Mittel, die aus unserer Arbeitskraft fließen, und es ist uns Frauen absolut nicht gleichgültig, wozu und wie diese Gelder verbraucht werden«.

Am 25. April 1953 fand im Café Schwarzenberg die erste Frauenberatung des Bundes Demokratischer Frauen Österreichs statt, die u. a. von Margarete Schütte-Lihotzky einberufen wurde. In der Diskussion wurde besonders intensiv das österreichische Familienrecht diskutiert, das noch aus dem Jahr 1812, dem Zeitalter der Postkutschen, stammte und erst 1975 reformiert wurde. Als Ergebnis der Zusammenkunft wurde eine »österreichische Frauenberatung nach Wien einberufen, auf der die Stellungnahme der österreichischen Delegierten am Weltkongress in Kopenhagen ausgearbeitet werden wird«, und es wurde ein »Aufruf an alle Frauen Österreichs feierlich verlesen und von vielen der Anwesenden durch ihre Unterschrift bekräftigt«, darunter auch von Margarete Schütte-Lihotzky (*stimme der frau* 19/Mai 1953). Der Weltkongress der Frauen der Internationalen Demokratischen Frauenföderation (IDFF), zu dem Teilnehmerinnen aus 80 Ländern der Welt kamen, fand unter dem Motto »Ein geeinter Wille nach Gleichberechtigung, Glück, Frieden« vom 5. bis 10. Juni 1953 in Kopenhagen statt.

Abb. 77: Erster österreichischer Frauenkongress am 24. und 25. Juni 1951 im Dreherpark, Margarete Schütte-Lihotzky stehend in der Mitte

Jahre mit Leben gefüllt

Im Juni 1980 habe ich über die Verleihung des Würdigungspreises für Architektur der Stadt Wien an Margarete Schütte-Lihotzky berichtet (»Späte Ehrung für eine große Frau«, *stimme der frau* 6/1980).

»Als die ›große Dame‹ der Architektur den Raum betritt und zielstrebig auf das improvisierte Rednerpult zusteuert, Applaus. Dann wird es mäuschenstill. Das reichhaltige Schaffen der ersten weiblichen Architektin Österreichs, die mit 83 Jahren auf ein bewegtes Leben zurückblicken kann, wird in dem Lichtbildervortrag lebendiges Zeugnis darüber abgeben, dass Grete Schütte-Lihotzky ihr Wissen und Können, ihr Engagement in den Dienst der Menschen stellt – und das nicht nur auf ihrem Fachgebiet, der Architektur.«

Die damalige Ehrenpräsidentin des BDFÖ sagte, es sei ein offenes Geheimnis, »dass ich aus politischen Gründen boykottiert wurde«. Gerade einmal einen kleinen Gemeindebau und die Planung von zwei Kindergärten hatte man ihr seit Kriegsende übertragen, erzählte sie mir bei einem Gespräch in ihrer gemütlichen Dachwohnung in der Franzensgasse im 5. Wiener Gemeindebezirk mit der wunderschönen Blumenterrasse. Dort trafen auch öfter BDFÖ-Freundinnen mit ihr zusammen, wenn sie zum Beispiel Geburtstag hatte oder wenn es etwas anderes, etwa den Internationalen Frauentag, zu feiern gab. Zu diesen

Abb. 78: Irma Schwager, Margarete Schütte-Lihotzky und Bärbel Danneberg bei der Eröffnung des Marxistischen Zentrums in der Wielandschule, 25. 11. 1989

Anlässen hat sie uns dann fürstlich bewirtet und interessante Geschichten aus ihrem Leben erzählt. Später haben wir die Geburtstagstreffen ins nahe Wirtshaus verlegt. Zu dieser Zeit hat sie schon sehr schlecht gesehen und mich manchmal gefragt: »Bärbel, was esse ich denn da?« Um mich dann mit dem Satz zu erheitern: »Weißt du, Essen ist der Sex des Alters.« Eine Freundin kam später wöchentlich bei ihr vorbei, um ihr aus der Zeitung vorzulesen. Ein Foto in der *stimme der frau* (4/April 1982) zeigt die 85-jährige Grete Schütte-Lihotzky mit der BDFÖ-Vorsitzenden Irma Schwager, die meinte: »Sie hat ihr Leben nicht mit Jahren, sondern die Jahre mit Leben gefüllt.«

Bevor die *stimme der frau* im März 1993 eingestellt wurde, führte Irmi Voglmayr, die dem Redaktionskollektiv der Zeitung angehörte, ein letztes Interview mit der damals 96-jährigen Grete Schütte-Lihotzky anlässlich der großen Ausstellung im Museum für angewandte Kunst (*stimme der frau* 3/März 93). In diesem Gespräch erinnert sie sich an die Ausstellung der Internationalen Frauenföderation in Paris 1948, für deren Gestaltung der österreichischen Abteilung sie als Architektin den Auftrag bekommen hatte: »Die Ausstellung in Paris hat mir viel Freude gemacht.« Zu ihrer späteren Anerkennung in Österreich sagte sie in dem Gespräch:

»Ich habe den Preis der Architektur bekommen von der Stadt Wien, die Goldene Medaille der Stadt Wien, das Ehrenzeichen für Wissenschaft und Kunst, zwei Ehrendoktorate in Graz und München, und jetzt kommt die große Ausstellung, die ja auch finanziert werden muss. Die Anerkennung freut mich sehr, aber ich möchte nicht nur als Mensch der Vergangenheit gelten, weil ich überhaupt nie sehr in der Vergangenheit gelebt habe, ich habe sehr intensiv in der Gegenwart und in der Zukunft gelebt.«

Dies zeigte sich auch, als sie 1988 das Ehrenzeichen für Wissenschaft und Kunst verliehen bekam, welches sie zunächst wegen Kurt Waldheims lückenhafter Erinnerung an seine Kriegsvergangenheit verweigerte und erst unter Bundespräsident Klestil entgegennahm.

Abb. 79: Eingang zur Frauenhetz in der Unteren Weißgerberstraße 41

Bund Demokratischer Frauen Österreichs (BDFÖ) 36

1948 Goldegggasse 2/17, 1040 Wien
1950 Prinz-Eugen-Straße 12, 1040 Wien
1956 Höchstädtplatz 3, 1200 Wien (im Globus-Verlagsgebäude)
1975 Taborstraße 46a, 1020 Wien
seit 1993 Hetzgasse 42/Ecke Untere Weißgerberstraße 41, 1030 Wien

Innerhalb der KPÖ schuf man gleich nach 1945 als Vorläufer einer eigenen Frauenorganisation in den Bezirks- und Ortsgruppen »Frauenaktivs«. In der ersten Jahreshälfte 1946 wurde der Versuch gestartet, eine überparteiliche Frauenorganisation – das erste Komitee des Bundes Demokratischer Frauen – unter Beteiligung von Frauen aus allen politischen Lagern zu schaffen. Nach dem Beschluss, sich der Internationalen Demokratischen Frauenföderation IDFF anzuschließen, schieden die bürgerlichen Frauen aus. 1948 wurde der Bund demokratischer Frauen Österreichs – BDFÖ gegründet. Margarete Schütte-Lihotzky war dessen erste Präsidentin bis 1969 und blieb bis zu ihrem Lebensende Ehrenpräsidentin. Irma Schwager war ab 1972 Vorsitzende und dann ab 1989 Ehrenvorsitzende der Organisation.

In einigen Bezirken Wiens und in den Bundesländern Kärnten und Steiermark gibt es bis heute aktive Gruppen. Die Wienerinnen treffen einander monatlich zum Frauen-Frühstück in der Frauenhetz.

Der Bund Demokratischer Frauen ruft zu den

Friedens-kundgebungen der Wiener Frauen

am 13. November 1948, 15 Uhr, im Musikvereinssaal
Unter dem Vorsitz von Lina Loos

am 17. November 1948, 19 Uhr, 2. Bezirk, Bayrischer Hof
Unter dem Vorsitz von Herma Bauma

am 18. November 1948, 19 Uhr, 7. Bezirk, Wimberger
Unter dem Vorsitz von Eva Priester

am 19. November 1948, 19 Uhr, 13. Bez., Ottakringer Bräu
Unter dem Vorsitz von Arch. Grete Schütte

Es sprechen Frauenabgeordnete und Vertreterinnen der Frauenbewegung von

Frankreich, Italien, Tschechoslowakei, Ungarn und anderen Ländern

Künstlerisches Programm! Eintritt frei!

Abb. 80: Friedenskundgebungen der Wiener Frauen, Plakat des BDFÖ, 1948

Abb. 81: Margarete Schütte-Lihotzky im Rotpunkt in Wien Margareten (von links vorne: Irma Schwager, Maria Lautischer, Margarete Schütte-Lihotzky und Edith Schober am Bildrand rechts), 1983

Klub der politisch interessierten Frau 37

Taborstraße 46a, 1020 Wien
Rotpunkt, Reinprechtsdorfer Straße 6, 1050 Wien
Sensengasse, 1090 Wien
1975–1993

Überwältigend viele Frauen kamen in die Taborstraße zum ersten Treffen des neuen Frauenklubs. Es ging um den Abbau alter Rollenbilder, das Bündeln der Kräfte. Denn 1975 wurde das uralte Familienrecht (»… der Mann ist das Oberhaupt der Familie …«) endlich geändert. Nun wollten wir auch Taten setzen, Chancengleichheit auf allen Ebenen fordern und durchsetzen, Wege für Frauen erforschen, Berufsmöglichkeiten und Weiterbildung aufzeigen, Optimismus verbreiten.

Bald fanden wir eine neue Lokalität, das Rotpunkt im 5. Bezirk, ein alternatives neues Ausstellungslokal für Diskussionsveranstaltungen. Dort trafen wir uns zweimal wöchentlich vor Ort und luden zweimal monatlich zu

Abb. 82: Ankündigung des Klubs der politisch interessierten Frau, 1978

einer öffentlichen Diskussion, z. B. einem langen Gespräch zur Frage »Wieso dauert der Weg zur Gleichberechtigung so lange?«. Wir veranstalteten nicht nur viele Diskussionen zur Tagespolitik und über Krieg und Faschismus, sondern auch zur Frauengeschichte, und luden immer wieder Zeitzeuginnen der Frauen- und Widerstandsbewegung ein.

Text: Maria Lautischer-Grubauer

Abb. 83: Die Wiener Urania, Blick zum Eingang des Mittleren Saales

Filmveranstaltungen in der Urania, 1. Bezirk 38

Frauenkomitee für Filmveranstaltungen in der Urania
Wiener Urania – Mittlerer Saal
Uraniastraße 1, 1010 Wien
1960–1994

Im Mittleren Saal der Wiener Urania fanden 34 Jahre lang, in der Zeitspanne von 1960 bis 1994, die Filmvorführungen des Urania Frauenkomitees statt. Jedes Jahr wurden fünf Filme gezeigt. Bei jeder Veranstaltung begrüßte eine der Frauen aus dem Komitee, und eine Persönlichkeit, im weitesten Sinn aus dem demokratischen Lager, hielt eine Rede, die sich auf den Film bezog. Im Urania Frauenkomitee waren bis zu 50 Frauen aus den unterschiedlichsten Berufen vertreten – von der Sekretärin bis zur Kammersängerin, von der Krankenschwester bis zur Informatikerin. Auf Überparteilichkeit und Unabhängigkeit wurde großer Wert gelegt. Margarete Schütte-Lihotzky war eine der Gründerinnen des Komitees und dieser Veranstaltungsreihe.

Antisemitische Ausschreitungen führten in Wien zum Jahresende 1959 zur Absetzung des gerade erst angelaufenen Films »Das Tagebuch der Anne Frank«. Das war für viele Menschen nicht zu akzeptieren. Daraufhin wurde Margarete Schütte-Lihotzky aktiv, sie versammelte einen Kreis von vier Frauen, die bedeutenden Frauenvereinen Österreichs vorstanden. Sie selbst war damals die Präsidentin des Bunds Demokratischer Frauen, He-

Abb. 84: Ankündigung des Frauenkomitees für Filmvorführungen in der Urania, 1973

lene Gunesch war Mitarbeiterin von Bertha von Suttner, Henriette Hainisch Präsidentin des Bundes österreichischer Frauenvereine und Emmi Mayerhofer Vorsitzende der Frauenlager-Gemeinschaft des Konzentrationslagers Ravensbrück. Dieses kleine Initiativkomitee bewirkte bei der Wiener Urania, dass diese in ihrem Haus, und zwar im Großen Saal, den Anne-Frank-Film im März 1960 in der Sonntags-Matinee brachte. Die Vorführung wurde auf Grund des übergroßen Andrangs wiederholt. Wegen dieses Erfolgs beschlossen die Frauen, weiterhin antifaschistische und Antikriegsfilme zu zeigen, die regelmäßig als Filmabende im Mittleren Saal der Wiener Urania stattfinden konnten.

Text: Ulrike Jenni

In Erinnerung an die Tätigkeit des Urania Frauenkomitees wurden die Filmvorführungen anlässlich Margarete Schütte-Lihotzkys 120. Geburtstag im Jänner 2017 wieder aufgenommen. Seither finden wieder jährlich Filmveranstaltungen in Kooperation mit der VHS Wiener Urania statt, organisiert vom Margarete Schütte-Lihotzky Club.

Abb. 85: Margarete Schütte-Lihotzky bei der Feier zu ihrem 95. Geburtstag, MAK 1992

7. Orte der Erinnerung

RENATE ALLMAYER-BECK, CHIARA DESBORDES

Reise in die Vergangenheit

Gemeinsam mit Chiara Desbordes, Architekturstudentin in Wien, versuche ich in diesem Abschnitt, die Spuren Margarete Schütte-Lihotzkys und die Erinnerungsorte über verschiedene Sichtweisen und Methoden zu entdecken. Dafür unternahmen wir gemeinsam eine Reise in die Vergangenheit, welche uns an zahlreiche Orte in Wien führte, um uns dort neue Einblicke in das Leben sowie in die Arbeitsweise der Architektin zu verschaffen.

Ausgangspunkt der Reise war der Stubenring im 1. Wiener Gemeindebezirk. Hier finden wir den Beginn des Werdegangs der Architektin, die Universität für angewandte Kunst (ihr Studienort), das Museum für angewandte Kunst – MAK (wo ihre große Werkausstellung stattfand) sowie die Kunstsammlung und das Archiv der Universität für angewandte Kunst, in welchem sich der Nachlass der Architektin befindet.

Margarete Schütte-Lihotzky hat viele Unterlagen ihres bewegten Lebens gesammelt und diese in ihrer Wohnung in Wien verwahrt. Es war ihr wichtig, dass ihr gesamtes Œuvre in Zukunft an einem einzigen Ort verwahrt wird, um es anschließend zugänglich zu machen. Deshalb hat sie ihren gesamten Nachlass dieser für sie so wichtigen Einrichtung vermacht.

Nach ihrem Tod am 18. Jänner 2000 in Wien haben Mitglieder der Forschungsgruppe Schütte-Lihotzky das gesamte Material systematisch in Themengebiete geordnet und anschließend in das Archiv der Angewandten eingebracht.[1] Hier wird ihre Persönlichkeit ganzheitlich widergespiegelt.

1 Die Forschungsgruppe Schütte-Lihotzky (MSL) war ein Zusammenschluss der Architektinnen Renate Allmayer-Beck, Andrea Heyer (von 1985–1991), Susanne Baumgartner-Haindl, Marion Lindner und Christine Zwingl. Diese haben von 1985 bis 1993

Abb. 86: Perspektiven der Wohnküche Type 7, Tusche auf Transparent, UaK, NL MSL, 2019

Neben den zahlreichen Projektordnern zu ihren architektonischen Werken gibt es Themenordner mit ihren Visionen zu Wohn- und Kindergartenbauten. Beim Durchblättern sind umfangreiche Planmaterialien sowie Schriften und Artikel zu architektonischen Aufgaben und ihrer internationalen Tätigkeit zu finden. Auch Unterlagen von Begegnungen mit berühmten Persönlichkeiten sind hochinteressant. Die umfassenden Aufzeichnungen und Manuskripte zu ihrer Arbeit im Widerstand und ihre Beiträge für Friedens- und Frauenorganisationen nehmen ebenfalls einen wichtigen Platz ein. Des Weiteren sind schriftliche Aufzeichnungen und Fotos zu ihren Reisen von Moskau nach Georgien und in den Kaukasus sowie von größeren Reisen nach Japan, China, Kuba und Mexiko und von späteren jährlich unternommenen Reisen nach Italien zu entdecken.

Heute erlaubt die Archivierung dem fachlich interessierten Publikum einen geordneten Zugriff auf den Nachlass der Architektin. So bleiben die Anliegen von Margarete Schütte-Lihotzky für weitere Bearbeitungen aufrufbar. Es gibt ein reges Interesse an ihrem Werk,

zusammen mit Margarete Schütte-Lihotzky das gesamte Œuvre der Architektin bearbeitet. Nach dem Tod Schütte-Lihotzkys wurde das Material von Renate Allmayer-Beck und Susanne Baumgartner-Haindl im Auftrag der Kunstsammlung der Angewandten archiviert.

es kam seit der Archivierung zu neuen Forschungen und zahlreichen Veröffentlichungen. Diese zeigen immer neue Aspekte der Person Margarete Schütte-Lihotzky und befassen sich sehr detailliert mit neuen Sichtweisen.

Trotzdem stellt sich für mich die Frage nach dem Sinn eines Archives für junge Studierende. Die digitale Welt heutzutage ermöglicht einen leichten Zugriff auf ein breites Spektrum an Informationen und Archivmaterial. Dazu muss man nicht mehr unbedingt vor die Tür gehen, oder macht der Besuch eines Archives doch einen Unterschied? Chiara Desbordes meint dazu: Es liegt in der Natur der Menschen, dass sie sich ständig weiterbilden wollen und stetig in Versuchung sind, sich neues Wissen anzueignen. Aus diesem Grund ist es wichtig, dass die Geschichte und Theorie der Architektur und ihre Wechselwirkung mit der Gesellschaft ständig ergänzt und erweitert wird. Nur so kann dieses Wissen von Generation zu Generation weitergegeben, wenn nicht sogar auch weiterentwickelt werden.

In ein Archiv zu gehen und Originaldokumente in den Händen zu halten, hat etwas ganz Besonderes und bietet Vorteile, welche einem bei einer Onlinerecherche verborgen bleiben. Man fasst Pläne und Zeichnungen zaghaft und vorsichtig mit weißen Handschuhen an, als würde man wertvolle Kunstwerke vor sich haben. Die Arbeiten zeigen sich von einer ganz anderen Seite. Was am Computerbildschirm in tausende Pixel zerlegt ist, wird einem hier in einer neuen Detailgenauigkeit ganzheitlich gezeigt. Die Farben strahlen satter, die Linien sind fest und sicher gezeichnet. Von grauen Bleistiftskizzen bis hin zu bunten Aquarellzeichnungen werden die verschiedensten Arbeitsweisen der Architektin dargelegt. Die unterschiedlichen Varianten, welche sich im Laufe der Jahre immer weiterentwickelt haben, lassen einen konsequenten roten Faden, welcher sich durch alle Arbeiten zieht, erkennen – eine Vorliebe zur Planung bis ins kleinste Detail und der soziale Aspekt, Konzepte, bei welchen der Mensch immer im Vordergrund steht, kristallisieren sich aus allen Unterlagen heraus.

Beim Verlassen des Archivs fühlt man sich, als hätte man eine Reise durch die Jahre gemacht, die Flut an Informationen hat einen in den Bann gezogen und man hat das Gefühl, die Architektin und ihre Gedanken viel besser zu verstehen.«

Ausgehend vom Archiv überqueren wir den Stubenring und kommen zu den Spuren der Architektin, die sie mit dem MAK verbinden. Gehen wir ins Jahr 1993 zurück, so werden Erinnerungen an ihre Ausstellung »Margarete Schütte-Lihotzky. Soziale Architektur – Zeitzeugin eines Jahrhunderts« geweckt. Die Ausstellung war ein wichtiger Wendepunkt im Bekanntheitsgrad der Architektin. Neben ihrem gesamten Œuvre wurden alle ihre Betätigungsbereiche in Politik, Friedens- und Frauenarbeit in zeitlichen und geschichtlichen Zusammenhängen gezeigt. Die Ausstellung war das Ergebnis jahrelanger Arbeit der Forschungsgruppe Schütte-Lihotzky.[2] Wir haben die Architektin von 1985 bis 1993 wöchentlich gesehen, lange Gespräche geführt, auch auf Reisen nach Frankfurt, in die Sowjetunion und nach Bulgarien recherchiert. Die Ergebnisse und Inhalte ihrer Tätigkeit konnten dann mit ihr gemeinsam erarbeitet werden. Diese wurden in einem Werkkatalog begleitend zur Ausstellung und einem Videodokument präsentiert.[3]

Peter Noever, der damalige Direktor des MAK, war der geeignete Partner, um diese Ausstellung zu realisieren und die Architektin einer breiten internationalen Öffentlichkeit bekannt zu machen. Zu diesem Zeitpunkt hatte das Museum einen international wichtigen Stellenwert erreicht.

Die Planung der Ausstellung entstand im engen Kontakt mit Margarete Schütte-Lihotzky. Alle Ausstellungstexte wurden mit ihr persönlich erarbeitet. Das Konzept, welches von der Forschungsgruppe vorgeschlagen und ausgearbeitet wurde, hat Schütte-Lihotzky genauestens studiert und mit Akribie handschriftlich ergänzt. Ihre Notizen

2 Forschungsarbeit: Das Werk der Architektin Margarete Schütte-Lihotzky, Projekt Nr.: P7833-SPR (gefördert vom FWF), Wien 1990–1991; vgl. Einleitung in diesem Buch.

3 Renate Allmayer-Beck, Susanne Baumgartner-Haindl u. a., Hg. Peter Noever, MAK: Margarete Schütte-Lihotzky. Soziale Architektur – Zeitzeugin eines Jahrhunderts, Ausstellungskatalog, MAK Wien 1993; 2. Aufl., Wien 1996.

Abb. 87: Margarete Schütte-Lihotzky (Mitte) und die Forschungsgruppe (von links:3 Renate Allmayer-Beck, Christine Zwingl, Susanne Baumgartner, Marion Lindner-Gross) beim Thailänder, 1995

zeigen, wie genau sie gearbeitet hat. Oft hat sie nur ein Wort durchgestrichen, weil es nicht präzise genug war.

Neben exemplarischen Modellen von wichtigen Bauprojekten ließen wir auch das Wohnkonzept der sogenannten »*Wohnung der berufstätigen Frau*« im Maßstab 1:1 nachbauen. Dieser Aufwand lohnte sich, die Ausstellung stieß auf reges internationales Interesse, sie wurde von zahlreichen Fachleuten besucht. Aufgrund der großen Nachfrage wurde sie sogar verlängert. Die *Frankfurter Küche*, welche bereits im Jahre 1990 im Original nachgebaut wurde, kann übrigens auch heute noch in der entsprechenden Abteilung im Museum besichtigt werden. Auch das sogenannte *Zimmer für eine Dame*, eine richtungsweisende Einrichtung, welche während der Vorbereitungen zur Ausstellung im Originalzustand angekauft wurde, bildet heute wieder ein Element der Dauerausstellung des Museums.[4]

In einem Interview erzählt uns Peter Noever, 1986 bis 2011 Direktor und künstlerischer Leiter des MAK, des Museums für angewandte Kunst/Gegenwartskunst, Wien, von seinen Erinnerungen an die Ausstellung und an die Zusammenarbeit mit der Architektin.[5]

4 Vgl. Kapitel 3. Christine Zwingl: Die ersten Jahre in Wien, und die Abbildung 34.
5 Das Interview fand am 9. 10. 2019 im Architekturbüro Mobimenti, 1090 Wien, statt.

Abb. 88: Peter Noever und Margarete Schütte-Lihotzky anlässlich der Feier zu Schütte-Lihotzkys 102. Geburtstag im MAK, 1999

Die Ausstellung »Margarete Schütte-Lihotzky. Soziale Architektur – Zeitzeugin eines Jahrhunderts« zur Präsentation des Gesamtwerkes von Margarete Schütte-Lihotzky wurde 1993 gezeigt. Wann und wie haben Sie die Architektin kennen gelernt?

PN: Vor dieser Ausstellung kannte ich sie noch nicht persönlich. Wir haben uns getroffen und anschließend war auch sehr bald klar, dass es unbedingt notwendig ist, eine entsprechende Ausstellung zu gestalten. Bis zu diesem Zeitpunkt haben sich weder das offizielle Österreich noch die entsprechenden Institutionen mit Margarete Schütte-Lihotzky auseinandergesetzt. Ohne die Forschungsgruppe hätte dieses Projekt nicht erfolgreich sein können.[6]

Dieses Team, von dem Sie gesprochen haben, die Forschungsgruppe: Wer war dabei?

PN: Gerade das Team war für die Vertrauensebene sehr wichtig und hat auch die wesentliche wissenschaftliche Vorarbeit geleistet, und damit gab es die ideale Voraussetzung für eine Zusammenarbeit, wie es bei einem solchen Ausstellungsprojekt erforderlich ist. Man darf nicht

6 Zur Forschungsgruppe siehe die Fußnote auf S. 163 und die Einleitung in diesem Buch.

vergessen, sie war damals 96 Jahre alt und es war ihre erste große Ausstellung.

Was waren denn die Beweggründe, das Material auszustellen?

PN: Mein Zugang ist immer gleich. Mich haben immer außergewöhnliche Personen und Künstler interessiert. Dazu benötigt es keine langwierigen Definitionen – letztlich sind es subjektive Gründe, aus denen ein solches Vorhaben resultiert. Die Architektin Margarete Schütte-Lihotzky wurde nicht nur ignoriert, sondern man hat sie und ihre Arbeit missachtet. Erst im hohen Alter wurde sie – so wie das in dieser Stadt üblich ist – mit Auszeichnungen und Ehrungen überschüttet. Allerdings zu einem Zeitpunkt, wo eh schon alles zu spät war. Vor allem im Hinblick auf ihr leidenschaftlich vertretenes Architektur-Programm. Der Grund, warum ich die Ausstellung geplant habe, war selbstverständlich die Person Margarete Schütte-Lihotzky. Es sollte eine Ausstellung werden, die ihr und ihrer Arbeit gerecht wird. Und es war auch wichtig, dass das noch zu ihren Lebzeiten passiert ist.

Die Ausstellung war ja sehr gut besucht, wie haben die Besucher reagiert?

PN: Mich interessieren Künstler und Architekten und weniger die Besucher. Aber natürlich, die Ausstellung war absolut gelungen und sehr erfolgreich. Man darf nicht vergessen, dass die Person Margarete Schütte-Lihotzky und ihr Wirken nur unzureichend bekannt waren.

Warum ist es auch heutzutage wichtig, dass man sich mit Margarete Schütte-Lihotzky auseinandersetzt?

PN: Wien ist modisch und unentschlossen. Umso wichtiger ist es, sich gerade heute mit dieser großen Architektin auseinanderzusetzen. Sie hatte ein Anliegen, eine klare Vorstellung und sehr konkrete Lösungsansätze. Ihre Architektur war geprägt von einem sozialen Engagement, das sie ihr ganzes Leben begleitet hat. Sie war eigentlich immer kompromisslos und sie wurde ja auch nicht wirklich vom Schicksal begünstigt. Sie hat die schlimmsten Dinge persönlich miterlebt, wurde zum Tode verurteilt und war lange eingesperrt.[7] Und ja, sie war *ein Architekt*, was sie immer wieder betont hat. Sie war eine Kämpferin. Es ist einfach wichtig, sich weiterhin mit ihr auseinanderzusetzen, mit ihrer Arbeit und vor allem mit ihrer Position. Und das gerade in einer Stadt, die so stolz auf ihre Tradition und Architektur ist.

Das Thema Frauen in der Architektur steht ja momentan im Fokus vieler Medien und Diskussionsrunden, damals war dies ein Thema, welches keine bedeutende Rolle gespielt hat. Was denken Sie darüber?

PN: Es war mir ein besonderes Anliegen, die beiden großen Frauen der Architektur einander bekannt zu machen: Margarete Schütte-Lihotzky und Zaha Hadid. Wie es mir auch immer sehr wichtig war, gerade in einer Stadt wie Wien Netzwerke zu bilden. Was meist ausgeblendet wird, ist der lange und beschwerliche Weg Zaha Hadids zu ihrer schlussendlich weltweiten Akzeptanz. Auch wird vielfach übersehen, dass sie eine außergewöhnliche Lehrerin mit einer ausgeprägten, nicht nur ästhetischen, sondern auch sozialen Komponente war. Und Zaha Hadid war genau wie Margarete Schütte-Lihotzky eine sehr starke Persönlichkeit, und beide haben sich wenig dafür interessiert, dass sie Frauen waren in der Architektenwelt. Zaha ist da immer ganz wütend geworden und hat gemeint »In erster Linie bin ich Architekt und mache meine Arbeit!«, und genauso war auch Margarete Schütte-Lihotzky. Natürlich ist es etwas Besonderes, dass sie die Erste war, die in Wien Architektur studiert und sich durchgesetzt hat, aber in Wirklichkeit war der Widerstand größer als ihre Fähigkeit, sich durchsetzen zu können, vor allem hier in der Stadt.

7 Anm. Hg.[in]: Es wurde zwar das Todesurteil für sie beantragt, sie wurde aber nicht zum Tode verurteilt.

Gibt es heutzutage vergleichbare Architektinnen für Sie?

PN: Ja und nein.

Gibt es etwas, woran Sie sich noch besonders erinnern?

PN: Gut in Erinnerung ist mir die folgende Episode: Anlässlich unserer Ausstellung im MAK hat es einen Termin mit ihr und dem zuständigen Stadtrat in meinem Büro gegeben. Voller Freude und Begeisterung kündigte er der Architektin eine Überraschung an und gab seiner Zuversicht Ausdruck, dass sie auch bereit sei, diese anzunehmen. Es handelte sich um einen Auftrag der Gemeinde Wien für einen Kindergarten. Zu diesem Zeitpunkt war sie bereits 96 Jahre alt, hat schlecht gesehen, war aber gerührt über das Ansinnen: ›Lieber Herr Stadtrat, ich bin ganz hingerissen, aber ich sehe sehr schlecht und bin eigentlich über das Alter hinweg, jetzt noch einen Kindergarten zu planen.‹ Dennoch wurde dieses Projekt recht schnell in den Medien publik. Das ist für mein Dafürhalten ein wenig symptomatisch für die Vorgänge in dieser Stadt. Es gibt keine Auseinandersetzung mehr mit der Architektur. Vermutlich befinden wir uns doch in der tiefsten Provinz. Und das hat Margarete Schütte-Lihotzky schon damals sehr stark zu spüren bekommen. Sie hat ja hier auch sehr wenige Spuren an Bauwerken hinterlassen, obwohl sie die Kapazität gehabt hätte.

Können Sie mir noch etwas über die jährlichen Veranstaltungen zu Ehren von Margarete Schütte-Lihotzky erzählen?

PN: Bei der Feier anlässlich ihres 100. Geburtstages im MAK ist dann die ganze Republik gekommen vom Bundeskanzler bis hin zum Bürgermeister. Ich kann mich erinnern, dass Bürgermeister Michael Häupl sie zu einem Walzer verführt hat. Das war alles sehr rührend und toll. Das Interesse bei ihrem 101. Geburtstag war dann allerdings überaus verhalten. Nichtsdestotrotz haben wir mit ihr gemeinsam die Jahrestage bis zu ihrem Ableben feierlich begangen.

Die Reise geht weiter zum Ehrengrab Margarete Schütte-Lihotzkys am Zentralfriedhof. Chiara Desbordes erzählt von ihren Eindrücken: Denkt man an einen Friedhof, so macht sich ein Gefühl der Traurigkeit breit und es werden Erinnerungen geweckt. Der Zentralfriedhof scheint allerdings kein Ort der Trauer zu sein. Setzt man sich in die Straßenbahnlinie 71, so gelangt man vom Trubel im 1. Wiener Gemeindebezirk nach Simmering. Wo anfangs an der Strecke noch Sehenswürdigkeiten wie das Rathaus, das Parlament und die Oper am Fenster vorbeiziehen, löst sich die Stadtstruktur immer mehr auf, es wird grüner und nach einer 30-minütigen Fahrt kündigt sich die Station Zentralfriedhof Tor 2 an. Zwischen zwei massiven Säulen, sie stehen nebeneinander wie gespiegelt, spannt sich ein Eisentor. Auf diese Weise erstreckt sich der Haupteingang und zieht tagtäglich tausende Menschen an.

Die zweieinhalb Quadratkilometer große Landschaft präsentiert sich wie eine ganz eigene Stadt, abgegrenzt von Wien durch eine hohe Mauer. Ein Bild von Ruhe, Natur und Erholung bietet sich. Zwischen zahlreichen bekannten und unbekannten verstorbenen Persönlichkeiten und gelebten Geschichten tummeln sich tagein, tagaus unzählige WienerInnen und TouristInnen. Es ist kein Wunder, dass der Friedhof eine der meistbesuchten Sehenswürdigkeiten Wiens ist. Hier kann man Politikerinnen, Komponisten, Musikerinnen, Künstlern und Schauspielerinnen noch einmal nahe sein.

Spaziert man die lange Hauptallee entlang in Richtung Friedhofskirche zum heiligen Karl Borromäus, findet man kurz davor auf der linken Seite die Ehrengräber der Gruppe 33G. Zwischen Persönlichkeiten wie dem Schriftsteller Ernst Jandl und dem Maler Max Weiler findet man die letzte Ruhestätte der Architektin Margarete Schütte-Lihotzky. Die Gestaltung ihres Grabes, welche gleich ins Auge fällt, ist eine symbolische Darstellung ihres Lebensweges und wurde bis ins kleinste Detail von ihr nahestehenden Menschen geplant. Die Form strahlt Stärke und gleichzeitig Ruhe aus und ist ein wahrer Blickfang; Menschen bleiben stehen und bewundern die Komposition aus Steinen, welche Schwerelosigkeit und Standfestigkeit miteinander kombiniert.

Der weiße istrische Marmor zeigt ihre Zuneigung zu Italien sowie ihre Begeisterung für klassische Architektur, welche sie immer schätzte und sich zum Vorbild nahm, während der alpine grüne Marmor ihre persönliche Liebe zu ihrem Ferienhaus in Radstadt, Salzburg, widerspiegelt. Symbolisch wachsen beide Steine aus dem Boden und stehen für sie als eine starke und vom sozialen Gedanken beseelte Person.

Die Gedenksteine werden von einem schmalen Kiesweg durchdrungen. Damit wird eine prägende Zäsur in ihrem Leben markiert; ihre Gefängniszeit im Zweiten Weltkrieg, als sie beinahe ihr Leben verlor. Der Kiesweg verläuft anschließend weiter ins Unendliche, eine Verbildlichung dessen, dass sie überlebt hat und nicht nur ihre Werke und Schriften, sondern auch ihre starke Persönlichkeit bis über den Tod hinaus für die Nachwelt bestehen bleiben.

Margarete Schütte-Lihotzky wird den WienerInnen in der Stadt viel öfter in Erinnerung gerufen als nur am Stubenring oder etwa am Zentralfriedhof. Spaziert man durch den 21. Wiener Gemeindebezirk, kommt man am Margarete-Schütte-Lihotzky-Hof vorbei, einer Wohnhausanlage, geplant von Architektinnen. Die Gemeinde hatte eine Initiative gestartet, um gezielt Architektinnen zur Planung einzuladen. Margarete Schütte-Lihotzky war Ehrenvorsitzende der Jury im Jahr 1994, hochbetagt und sehr interessiert an den aktuellen Planungen der nächsten Generation von Architektinnen.

Auch der Schütte-Lihotzky-Weg in der Nähe ihres Kindergartens in der Rinnböckstraße im 11. Bezirk, ein Bau, der einem idealtypischen Entwurf der Architektin entspricht, erinnert an sie.

Den Studierenden an der Technischen Universität am Karlsplatz wird sie mit dem nach ihr benannten Hörsaal in Erinnerung gerufen. Auch wenn sich in diesem nur mehrere Männerbüsten befinden und der Raum eher nichts von der Detailgenauigkeit und Materialwahl der Architektin spüren lässt, so gerät ihr Name unter den Studierenden zumindest nicht in Vergessenheit. Nicht allzu weit entfernt, in der Nähe ihres ursprünglichen Wohnortes im 5. Wiener Gemeindebezirk, ist es möglich, im Schütte-Lihotzky-Park zu sitzen, um Sonnenstrahlen und

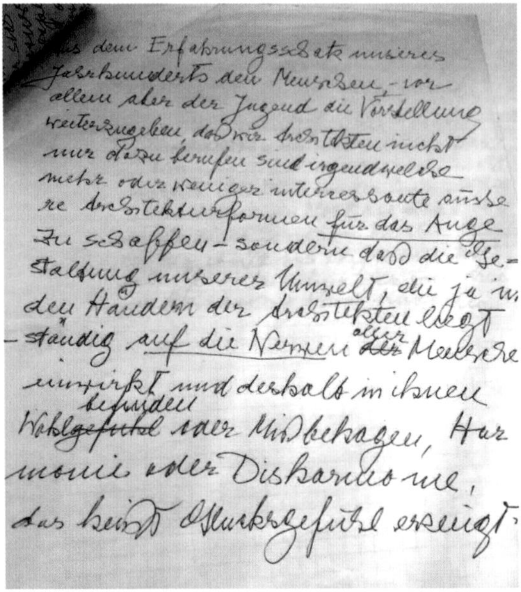

...us dem Erfahrungsschatz unseres Jahrhunderts den Menschen – vor allem aber der Jugend die Vorstellung weiterzugeben, dass wir Architekten nicht nur dazu berufen sind irgendwelche mehr oder weniger interessante äußere Architekturformen für das Auge zu schaffen – sondern dass die Gestaltung unserer Umwelt, die ja in den Händen der Architekten liegt – ständig auf die Nerven ~~der~~ aller Menschen einwirkt und deshalb in ihnen Wohl~~gefühl~~ befinden oder Mißbehagen, Harmonie oder Disharmonie, das heißt Glücksgefühl erzeugt.

Abb. 89: Handschriftliches Vortragsmanuskript Margarete Schütte-Lihotzkys

Ruhe inmitten vom Trubel der Stadt zu genießen. Im hohen Alter wollte man ihr mit dieser Benennung eine Ehre erweisen. Sie war bei der Eröffnung persönlich anwesend.

Margarete Schütte-Lihotzky zeigt heute in Wien starke Präsenz. Ob ihr die Namensgebungen der Plätze und Orte gerecht werden, könnte man hinterfragen. Dass Margarete Schütte-Lihotzky auch heutzutage eine prägende Rolle spielt, gilt allerdings als ein Fakt. Deshalb wird sie nicht nur uns in unserem Tun und Denken beeinflussen, sondern auch zukünftige Generationen inspirieren.

»... aus dem Erfahrungsschatz unseres Jahrhunderts den Menschen, vor allem aber der Jugend, die Vorstellung weiterzugeben, dass wir Architekten nicht nur dazu berufen sind, irgendwelche mehr oder weniger interessante äußere Architekturformen für das Auge zu schaffen – sondern dass die Gestaltung unserer Umwelt, die ja in den Händen der Architekten liegt – ständig auf die Nerven aller Menschen einwirkt und deshalb in ihnen Wohlbefinden oder Mißbehagen, Harmonie oder Disharmonie, das heißt Glücksgefühl erzeugt.«

Abb. 90: Blick in die Ausstellung »Margarete Schütte-Lihotzky, Soziale Architektur – Zeitzeugin eines Jahrhunderts« im MAK, 1993

Museum für angewandte Kunst – MAK, 1. Bezirk 39

Stubenring 5, 1010 Wien

Die Ausstellungselemente Frankfurter Küche (1926, 1990) und Zimmer für eine Dame (1925) sind ständig zu sehen. Die Ausstellung »Margarete Schütte-Lihotzky. Soziale Architektur – Zeitzeugin eines Jahrhunderts« war 1993 die erste große Schau zum Gesamtwerk der Architektin. Ein Überblick zu ihrem Lebenswerk in Zusammenschau mit den gesellschaftlichen Entwicklungen und politischen Änderungen des 20. Jahrhunderts wurde gegeben. Originale Zeichnungen waren zu sehen, rekonstruierte Möbel wie das Toilettetischchen, ein Entwurf aus ihrer Studienzeit, sowie Kindermöbel aus der Sowjetunion und drei wesentliche Ausstellungselemente waren im Maßstab 1:1 erlebbar.

Das Zimmer für eine Dame (1925) konnte im Original gezeigt werden – ein besonderer Glücksfall. Im Zuge der Ausstellungsvorbereitungen war die gesamte originale Einrichtung in Wien in gutem Zustand gefunden und vom Museum angekauft worden.[8] Diese komplette Ausstattung eines Raumes ist nun im Bereich der Dauerausstellung »Wien 1900« im ersten Obergeschoß ständig zu sehen.

8 Vgl. Kapitel 3. Christine Zwingl: Die ersten Jahre in Wien, und die Abbildung 34.

Abb. 91: Zimmer für eine Dame, 1925, bei der Ausstellung »Margarete Schütte-Lihotzky, Soziale Architektur – Zeitzeugin eines Jahrhunderts« im MAK, 1993

Die Frankfurter Küche als modellhafte Rekonstruktion im Maßstab 1:1 für das MAK entstand im Jahr 1990 in Zusammenarbeit von Architekt Gerhard Lindner mit der Architektin Schütte-Lihotzky. Das begehbare Modell zeigt die Küche für einen Haushalt ohne Haushaltshilfe aus dem Jahr 1927, den Prototyp oder die Normalküche des Entwurfprinzips, das in zahlreichen Varianten in den mehr als 10 000 Wohnungen in den Frankfurter Siedlungsbauten zwischen 1926 und 1930 realisiert wurde.

Im MAK Design Labor wird die Frankfurter Küche als Element der ständigen Ausstellung weiterhin präsentiert mit Informationen zur Entwicklung von Hauswirtschaft und Küche, ergänzt durch das Video zu Robert Rotifers Song »The Frankfurt Kitchen«.[9]

9 Video Robert Rotifer: »The Frankfurt Kitchen« vom Album »Coach Number 12 of 11«, 2008.

Auch die Wohnung für die berufstätige Frau, ein konzeptueller Entwurf, entstanden in Frankfurt am Main 1927, wurde mit Einbaumöbeln im Maßstab 1:1 aufgebaut. Die komplette Einrichtung wird vom MAK archiviert. Sie war zuletzt im Rahmen der Ausstellung »Wege der Moderne. Josef Hoffmann, Adolf Loos und die Folgen« (Dezember 2014 bis April 2015) im MAK wieder zu sehen.

Auch die Zeit des Widerstandes gegen den Nationalsozialismus und ihre Gefangenschaft wurde ausführlich dargestellt. Abschließend konnte die Architektin in einem Interview gehört und gesehen werden, die 96-Jährige sprach zu Ereignissen ihres Lebens und über ihre aktuelle Sicht auf das Wohnen.

Abb. 92: Im Archiv der Universität für angewandte Kunst, 2019

Kunstsammlung und Archiv der Universität für angewandte Kunst, 1. Bezirk

40

Postgasse 6/Mezzanin, 1010 Wien
Nachlass Margarete Schütte-Lihotzkys seit 2001
https://www.dieangewandte.at/institute/kunstsammlung_und_archiv

Margarete Schütte-Lihotzky verfügte testamentarisch, dass ihr beruflicher Nachlass in das Archiv der Universität für angewandte Kunst aufgenommen werden solle. Damit wollte sie die Verbundenheit zu ihrer Ausbildungsstätte, der damaligen k. k. Kunstgewerbeschule, ausdrücken und sicherstellen, dass der Zugang zu der umfangreichen Sammlung von Zeichnungen und Dokumenten, die sie im Laufe ihres langen Lebens aufbewahrt hatte, künftig gewährleistet ist.

Die Archivierung des Nachlasses wurde von Renate Allmayer-Beck und Susanne Baumgartner, zwei Mitgliedern der Forschungsgruppe MSL, in Zusammenarbeit mit den Mitarbeiterinnen des Archivs durchgeführt. Seither können die Originale und sämtliche Materialien des Nachlasses der Architektin Margarete Schütte-Lihotzky für Studien- und Forschungszwecke hier eingesehen werden.

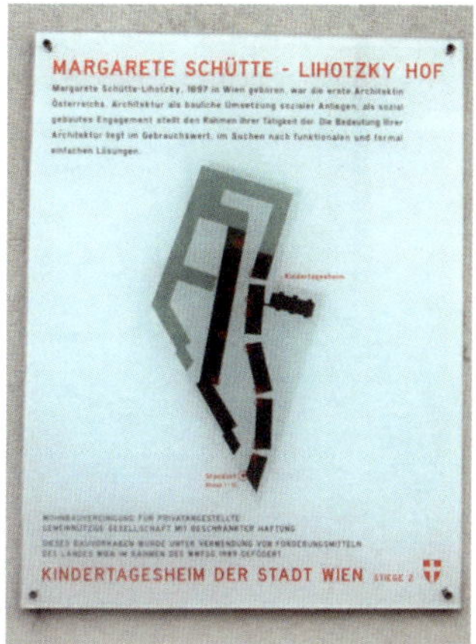

Abb. 93: Gedenktafel im Margarete-Schütte-Lihotzky-Hof

Margarete-Schütte-Lihotzky-Hof, 21. Bezirk (vorher Frauen-Werk-Stadt) 41

Wohnhausanlage der Gemeinde Wien und der Wohnbauvereinigung der Privatangestellten GPA
Donaufelder Straße 99, Carminweg 8, 1210 Wien
errichtet 1995–1997

Margarete Schütte-Lihotzky war 1994 Ehrenvorsitzende der Jury zu einem Expertinnenverfahren mit acht geladenen Architektinnen. Aus ihrer Sicht war es zu begrüßen, dass Frauen mehr Einfluss im Wohnbau und mehr Aufträge erhalten sollten.

Als städtebauliches Leitprojekt wird der Entwurf von Architektin Franziska Ullmann ausgewählt. Planungsaufträge der Stadt Wien erhalten Liselotte Peretti und Franziska Ullmann, die GPA beauftragt die Architektinnen Gisela Podreka und Elsa Prochazka. Auch der Kindergarten innerhalb der Anlage ist eine Planung von Architektin Elsa Prochazka.

Nach Fertigstellung im Jahr 1997, in dem Schütte-Lihotzky ihren 100. Geburtstag feierte, wurde der Bauteil der GPA bereits Margarete-Schütte-Lihotzky-Hof benannt. Die Gemeinde Wien folgte mit der Umbenennung erst nach ihrem Tod im Jahr 2000.

Abb. 94: Schütte-Lihotzky-Park im 5. Bezirk, 2019

Schütte-Lihotzky-Park, 5. Bezirk — 42

Mittersteig, 1050 Wien
seit 1997

Margarete Schütte-Lihotzky, eine gebürtige Margaretnerin, wohnte abseits ihrer langen Auslandsaufenthalte zeitlebens im 5. Wiener Gemeindebezirk Margareten. Noch zu ihren Lebzeiten wurde anlässlich ihres 100. Geburtstages ein Park in ihrem Bezirk nach ihr benannt.

Die Parkanlage entstand 1997 im Zusammenhang mit dem Bau einer Tiefgarage. Der kleine, aber intensiv genutzte Stadtgarten ist dreiseitig von Wohnhäusern begrenzt und straßenseitig eingezäunt.[10]

10 https://www.wien.gv.at/umwelt/parks/anlagen/schuettelihotzky.html (abgerufen am 12. 6. 2021).

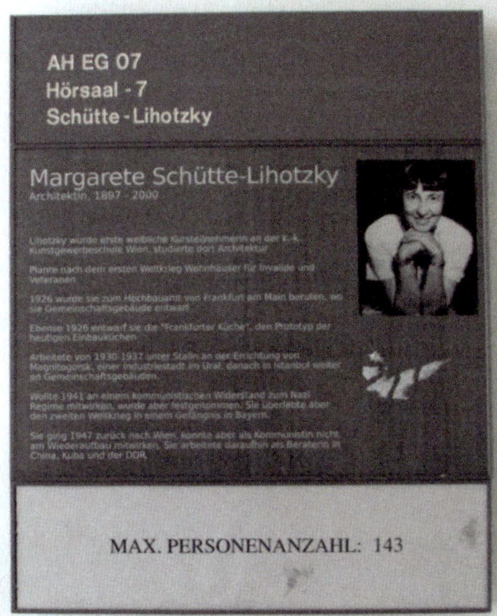

Abb. 95: Tafel am Eingang zum Hörsaal 7 der TU Wien, 2017

Schütte-Lihotzky-Hörsaal, 4. Bezirk 43

Technische Universität Wien, Karlsplatz 13, 1040 Wien
Hauptgebäude, Stiege VII, Erdgeschoß
seit 1997

Die Technische Universität Wien verlieh Margarete Schütte-Lihotzky 1985 die Prechtl-Medaille als erste universitäre Anerkennung. Reinhard Gieselmann (ordentlicher Professor für Wohnbau) hielt die Laudatio. 1994 folgte die Auszeichnung mit dem Ehrendoktorat, damit war sie die erste und für zwanzig Jahre die einzige Frau, die diese würdevolle Auszeichnung der Technischen Universität Wien erhalten sollte.

1997 anlässlich des 100. Geburtstags der Architektin stellte der Vorsitzende der HochschülerInnenschaft der TU Wien (HTU) den Antrag, einen Hörsaal nach Margarete Schütte-Lihotzky zu benennen. Dieser Antrag erhielt eine positive Stellungnahme der Fakultät für Architektur und Raumplanung. Danach wurde in der Senatssitzung vom 21. 4. 1997 einstimmig beschlossen, »den Hörsaal 7 im Hauptgebäude nach der bekannten Wiener Architektin Margarete Schütte-Lihotzky zu benennen«.

Diese Benennung erscheint außergewöhnlich, da es die erste und bisher einzige Benennung eines TU-Hörsaals nach einer Frau ist und nach einer Person, die nicht an der TU unterrichtet hat. Noch dazu wurde diese bereits zu ihren Lebzeiten vorgenommen.[11]

11 Für die genauen Auskünfte bedanke ich mich besonders bei Paulus Ebner, dem Leiter des Archivs der TU Wien.

Abb. 96: Grab Margarete Schütte-Lihotzkys, 2019

Ehrengrab, 11. Bezirk

44

Zentralfriedhof
Gruppe 33G, Nummer 28
seit 2000

Vom Haupteingang des Zentralfriedhofes (Tor 2) führt eine breite Straße geradeaus zur Friedhofskirche und zu der davor liegenden Präsidentengruft. In diesem zentralen Bereich des Friedhofs liegen die Ehrengräber. Über einen Weg auf der linken Seite ist die Gruppe 33 zu erreichen, wo das Grab der Architektin und Widerstandkämpferin zu finden ist. Das Grab gestaltete die Forschungsgruppe MSL im Auftrag der KPÖ, die Ausführungsplanung und Betreuung der Realisierung übernahm Renate Allmayer-Beck von der Forschungsgruppe MSL.[12] Die Beisetzung fand am 7. 2. 2000 statt. Das Grabdenkmal wurde noch im selben Jahr fertiggestellt.

12 Siehe dazu Kapitel 7. Renate Allmayer-Beck und Chiara Desbordes: Reise in die Vergangenheit.

Abb. 97: Straßentafel in Simmering, 2019

Schütte-Lihotzky-Weg, 11. Bezirk

45

seit 2017

Im 11. Wiener Gemeindebezirk Simmering liegt eines der letzten Projekte Margarete Schütte-Lihotzkys, das städtische Kindertagesheim in der Rinnböckstraße. Um die Erinnerung an die Architektin in der Öffentlichkeit zu vertiefen, wurde diese Wegbezeichnung von Seiten des Bezirks umgesetzt.

»Ich biege in den Schütte-Lihotzky-Weg ein, ein Informationsschild erklärt uns Passanten, dass es sich bei Frau Schütte-Lihotzky um die ›Erfinderin der Frankfurter Küche‹ gehandelt habe, was zwar stimmt, was ich bei einer Architektin ihres Ranges – Widerstandskämpferin, Zeitzeugin, Lehrende, Pionierin einer fortschrittlichen Arbeiterarchitektur – für eine krasse Verkürzung halte.«[13]

13 Christian Seilers Gehen: Simmering mit Dagobert Duck, in: Kurier, 5. 3. 2019.

Abb. 98: Logo

Margarete Schütte-Lihotzky Raum, 3. Bezirk 46

Untere Weißgerberstraße 41, 1030 Wien
seit 2014

Frauen sichtbar machen

Die Persönlichkeit Margarete Schütte-Lihotzkys, ihre Geschichte, ihre Haltung zum Leben, zur Arbeit und ihre Solidarität sollen sichtbar werden und bleiben. Als eine der ersten Frauen, die in Österreich den Beruf der Architektin ausübte, ist sie ein Vorbild für nachkommende Generationen.

Der Margarete Schütte-Lihotzky Raum zeigt als Ausstellungs- und Informationsraum wesentliche Stationen ihres Lebens, Werks und politischen Engagements im Zusammenhang mit der Frauengeschichte des 20. Jahrhunderts.

Architektur, österreichische und internationale Geschichte

Dieses außergewöhnliche Leben und Werk einer Wiener Architektin soll in Verbindung mit der österreichischen Geschichte bekannt sein, sowie mit der internationalen Architekturentwicklung und Zeitgeschichte im allgemeinen Wissensspeicher erhalten bleiben.

Margarete Schütte-Lihotzkys Beitrag zur Architektur im 20. Jahrhundert ist von besonderer Bedeutung. Soziales Bewusstsein, systematisches und grundlagenbezogenes Denken prägten ihre Herangehensweise an die Planung sowie ihre Haltung, die stets die Demokratisierungsbestrebungen der Gesellschaft unterstützte.

Raum für Ausstellung, Information, Gespräch

Wir wollen zur Auseinandersetzung mit Fragen des Raumes beitragen, ermutigen und auffordern. Der Raum, der uns umgibt, in dem wir wohnen, arbeiten und leben – ist unser Raum!

Der Margarete Schütte-Lihotzky Raum ist ein Rahmen, um Information, Ausstellung und Gedankenaustausch zu ermöglichen.

Margarete Schütte-Lihotzky ist eine der großen Töchter Österreichs und kann als eine der ersten Architektinnen Österreichs bezeichnet werden. Schon in ihren frühen Arbeiten wird ihre selbstbestimmte, unabhängige Persönlichkeit erkennbar, ihr Gesellschaftsbewusstsein und ihre emanzipatorische Haltung zeigen sich in der vielfältigen Bearbeitung sozialer Aufgaben der Architektur. Sie hat Vorbildwirkung als Architektin, Künstlerin und frauenpolitisch engagierter Mensch. Es ist uns wichtig, dass Frauen und ihre Leistungen im Beruf und im Alltag, in Geschichte und Gegenwart sichtbar sind, dass sie als Role Models wirken und im Wissensspeicher der Gesellschaft eingeschrieben werden.

Der Margarete Schütte-Lihotzky Raum nahm die Ausstellungs- und Veranstaltungstätigkeit 2014 auf. Gegründet und betrieben wird er vom Margarete Schütte-Lihotzky Club, einem eingetragenen privaten Verein. Ausführliche Information dazu ist auf der Website zu finden: www.schuette-lihotzky.at

Bereits im Jänner 2015 wurde das Projekt »Margarete Schütte-Lihotzky – Ihre Spuren in Wien« mit einer ersten Wienkarte präsentiert. Es war die Leitidee für die nächsten Jahre. Darauf folgten Ausstellungen, die jeweils Abschnitte und Schwerpunkte aus Leben und Werk der Architektin zum Inhalt hatten:

- Grete Lihotzky – Die ersten Jahre der Architektin in Wien
  11. 6. 2015–18. 12. 2015
- Vom ersten Wiener Küchen-Patent zur Frankfurter Küche
  21. 1. 2016–24. 6. 2016
- WIDERSTAND UND BEFREIUNG – Margarete Schütte-Lihotzky im Widerstand gegen den Nationalsozialismus 1939–1945
  21. 10. 2016–30. 6. 2017
- WOHN-GESCHICHTEN – Margarete Schütte-Lihotzky – Schwerpunkt Wohnbau in Wien
  9. 11. 2017–29. 6. 2018
- PIONIERINNEN – Heldinnen der Architektur
  6. 12. 2018–29. 9. 2019
- schützenswert und zukunftsweisend – Margarete Schütte-Lihotzkys Bauten in Wien unter Denkmalschutz
  16. 1. 2020–26. 11. 2020
- Margarete Schütte-Lihotzkys BAU(T)EN FÜR KINDER
  26. 2. 2021–28. 10. 2021

Der Margarete Schütte-Lihotzky Raum wurde mit Juli 2021 geschlossen und übersiedelte in Schütte-Lihotzkys letzte Wohnung in der Franzensgasse im 5. Bezirk, die seit Kurzem unter Denkmalschutz steht. Dort entsteht das Margarete Schütte-Lihotzky Zentrum – die Wohnung als musealer Ort, die für BesucherInnen und Besichtigungen offen sein wird, und eine Forschungsstelle zu Architekturpionierinnen in Wien.

Zeittafel Margarete Schütte-Lihotzky

23. Jänner 1897
Geburt von Margarete Lihotzky in Wien

1915–1919
Studium an der k. k. Kunstgewerbeschule in Wien (heute Universität für angewandte Kunst) in der Klasse von Architekt Oskar Strnad

1919–1920
Aufenthalt in Holland als Begleiterin eines Kindererholungsaufenthalts

1920–1925
Arbeit für die Wiener SiedlerInnenbewegung

1922–1924
Anstellung im Baubüro des Österreichischen Verbandes für Siedlungs- und Kleingartenwesen

1924–1925
Erkrankung an Tuberkulose und Aufenthalt in einer Lungenheilstätte

1926–1930
Umzug nach Frankfurt am Main und Tätigkeit in der Abteilung für Typisierung am städtischen Hochbauamt, das Architekt Ernst May leitet

1927
Heirat mit dem deutschen Architekten Wilhelm Schütte

1930
Berufung einer ExpertInnengruppe um Ernst May nach Moskau, der das Ehepaar angehört. Margarete Schütte-Lihotzky leitet die Abteilung für die Planung von Kinderanstalten

1934
Reisen nach Japan und China

1934–1936
Arbeit für die Architekturakademie in Moskau

1937
Abreise von Margarete und Wilhelm Schütte aus der Sowjetunion, Weiterreise nach Paris und London

1938
Exil in Istanbul. Das Ehepaar arbeitet für das Erziehungsministerium. Anschluss Margarete Schütte-Lihotzkys an eine österreichische kommunistische Widerstandsgruppe gegen den Nationalsozialismus um Architekt Herbert Eichholzer

1940
Ende des Jahres Entscheidung zum aktiven Widerstand. Margarete Schütte-Lihotzky fährt nach Wien, um Nachrichten zu überbringen. Verhaftung, Beantragung des Todesurteils für sie. Verurteilung zu 15 Jahren Gefangenschaft, die sie im Zuchthaus Aichach in Bayern verbringen muss

1945
Befreiung mit Kriegsende

1946
Aufenthalt in Sofia, Bulgarien, Warten

auf die Ausreisemöglichkeit ihres Mannes aus der Türkei. Planung der ersten Kindergärten Bulgariens und erste Fassung der Entwurfslehre für Kindergärten und Kinderkrippen

1947
Margarete Schütte-Lihotzky und Wilhelm Schütte kommen gemeinsam nach Wien

1948–1969
Präsidentin des Bundes demokratischer Frauen, Engagement für die Anliegen der Frauen- und Friedensbewegung

1949
Befugnis als Ziviltechnikerin, Ausübung des Berufs der Architektin (selbständig) bis 1967, Teilnahme an internationalen Kongressen, Gestaltung von Ausstellungen und Denkmälern, verschiedene Bauaufgaben. Im Auftrag der Stadt Wien Planung von zwei Wohnhäusern, 1030 Wien, Barthgasse, und 1020 Wien, Schüttelstraße, und zwei Kindergärten, 1200 Wien, Kapaunplatz, und 1110 Wien, Rinnböckstraße

1951
Trennung von Wilhelm Schütte

1956
Studienreise nach China

1961, 1963
Reisen nach Kuba

1966
Sechs Monate Forschungstätigkeit an der Bauakademie in Berlin, DDR. Wiederholte Erkrankung an Tuberkulose

1970
Übersiedelung in die von ihr geplante Wohnung mit Dachterrasse in der Franzensgasse in Wien. Regelmäßige Sommeraufenthalte in Radstadt

1985
Die erste Auflage ihrer »Erinnerungen aus dem Widerstand 1938–1945« erscheint. Arbeit an ihren beruflichen Erinnerungen, die erst posthum veröffentlicht werden

1993
Erste Ausstellung über das Gesamtwerk der Architektin im Museum für angewandte Kunst in Wien. Veröffentlichung des Werkkatalogs *Margarete Schütte-Lihotzky. Soziale Architektur – Zeitzeugin eines Jahrhunderts.*

18. Jänner 2000
Tod der Architektin in Wien

In ihren späten Jahren erhält Margarete Schütte-Lihotzky zahlreiche Preise und Ehrendoktorate (Auszug):

1977
Joliot-Curie-Medaille für Leistungen in der Weltfriedensbewegung

1978
Ehrenzeichen für die Verdienste um die Befreiung Österreichs

1980
Preis des Jahres 1980 für Architektur, verliehen von der Stadt Wien

1985
Prechtl-Medaille der Technischen Universität Wien

1987
Ehrenmitgliedschaft der Hochschule für angewandte Kunst, Wien

1988
Ablehnung des Ehrenzeichens für Wissenschaft und Kunst wegen Verleihung durch Bundespräsident Waldheim

1989
Ehrendoktorat der Technischen Universität Graz

IKEA-Preis, Ikea Foundation, Amsterdam

1992
Verleihung der Ehrenmedaille in Gold der Stadt Wien

1993
Verleihung des österreichischen Ehrenzeichens für Wissenschaft und Kunst

Ehrendoktorat der Technischen Universität Berlin

Verleihung des Ehrenringes der Bundesingenieurkammer

1994
Ehrendoktorat der Technischen Universität Wien

Ehrenmitglied der Akademie der bildenden Künste in Wien

1997
Ehrenring der Stadt Wien

Ehrendoktorat der Technischen Universität Innsbruck

Großes Goldenes Ehrenzeichen mit dem Stern für Verdienste um die Republik Österreich

Die Autorinnen

RENATE ALLMAYER-BECK, Dipl.-Ing.[in] • Architekturstudium an der Technischen Universität Wien, Forschung zu Schütte-Lihotzky, 1993 Ausstellung »Margarete Schütte-Lihotzky. Soziale Architektur – Zeitzeugin eines Jahrhunderts« im Museum für angewandte Kunst – MAK Wien, Ausstellungskatalog. Seit 1987 ist sie als Architektin tätig, im Jahr 2003 hat sie das Architekturbüro Mobimenti gegründet.
Den Text »Orte der Erinnerung« verfasste sie gemeinsam mit CHIARA DESBORDES, die seit 2018 bei Mobimenti arbeitet und an der Akademie der bildenden Künste studiert.

BÄRBEL DANNEBERG • Geboren in Berlin; Schneiderin, Krankenschwester, Beislwirtin, seit 1974 Journalistin in Wien. Ab 1975 war sie Redakteurin bei der vom Bund Demokratischer Frauen Österreichs herausgegebenen Zeitschrift *stimme der frau* und Chefredakteurin bis zu ihrer Einstellung 1993. Autorin und Mitherausgeberin diverser Bücher; Artikel und Kolumnen erscheinen derzeit in der *Volksstimme* und im *Augustin*. Von ihr erschien im Promedia Verlag »Alter Vogel flieg! Tagebuch einer pflegenden Tochter«.

ELISABETH HOLZINGER, Dr.[in] • Politikwissenschaftlerin, beschäftigt sich seit Anfang der 1980er Jahre mit dem antifaschistischen Widerstand, insbesondere von Frauen. Im Zuge dieser Auseinandersetzung entstanden mehrere Publikationen, Filme und Buchbeiträge. Mitarbeiterin im Österreichischen Institut für Raumplanung und Regionalforschung. Seit 2005 als freiberufliche Autorin und Filmemacherin tätig und ehrenamtliche Mitarbeiterin des Dokumentationsarchivs des österreichischen Widerstandes DÖW. Von ihr erschien u. a. im Promedia Verlag (als Mitherausgeberin): »Der Himmel ist blau. Kann sein. Frauen im Widerstand. Österreich 1938–1945«.

ULRIKE JENNI, Dr.[in] • Als Älteste von insgesamt fünf Mädchen in Vorarlberg aufgewachsen, habe ich das Studium der Kunstgeschichte in Wien absolviert. In Wien fehlte mir sehr das Haus, das meine Eltern erbauen ließen, ein Einfamilienhaus für sieben Personen. Geplant 1952–1953 von einem Verwandten meiner Mutter, der seine Ausbildung im Bauhaus zu Dessau erhielt. Ihm war die Lichtführung genauso wichtig wie Grete in ihrer kleinen Wohnung. Auch die Großzügigkeit von mehreren Räumen hintereinander kann mit der Wohnung von Grete verglichen werden. So ist es für mich ein Glück, meine späten Jahre in der Wohnung von Margarete Schütte-Lihotzky verbringen zu können.

BERNADETTE REINHOLD, Dr.in • Senior Scientist am Institut Kunstsammlung und Archiv, Universität für angewandte Kunst Wien, wo sich der Nachlass Margarete Schütte-Lihotzkys befindet. Studium und Promotion an der Universität Wien (Kunstgeschichte, Geschichte). Publikationen, Forschungsprojekte, Ausstellungen und Lehre zu Architektur und Kunst der Moderne, Biografieforschung und Kulturpolitik Österreichs.

CHRISTINE ZWINGL, Dipl.-Ing.in • Architekturstudium an der Technischen Universität Wien, Forschung zu Schütte-Lihotzky, 1993 Ausstellung »Margarete Schütte-Lihotzky. Soziale Architektur – Zeitzeugin eines Jahrhunderts« im Museum für angewandte Kunst – MAK Wien, Ausstellungskatalog; selbständige Architektin seit 1994; Unterrichtstätigkeit, Kunsttherapeutin; seit 2014 Leitung des Margarete Schütte-Lihotzky Raumes in Wien.

Quellen und Abkürzungen

Albertina Wien
Architekturzentrum Wien, Sammlung – AzW
Archiv der Höheren Graphischen Bundes-, Lehr- und Versuchsanstalt Wien
Archiv der Technischen Universität Wien
Baubehörde Wien, MA 37, Gebietsgruppen Ost, Süd, West
Bildarchiv der Kommunistischen Partei Österreichs, Wien – KPÖ
Dokumentationsarchiv des österreichischen Widerstands, Wien – DÖW
Kunstsammlung und Archiv der Universität für angewandte Kunst Wien,
Nachlass Margarete Schütte-Lihotzky – UaK, NL MSL
Margarete Schütte-Lihotzky Raum – MSL Raum
Österreichische Gesellschaft für Architektur – ÖGFA
Österreichische Nationalbibliothek – ÖNB
Wien Museum
Wienbibliothek im Rathaus
Wiener Stadt- und Landesarchiv, MA 8 – WStLA

Allgemeine Internetquellen

https://austria-forum.org
http://www.dasrotewien.at (Weblexikon der Wiener Sozialdemokratie)
https://www.wien.gv.at/kulturportal/public
https://www.wien.gv.at/Stadtplan/
https://www.wien.gv.at/umwelt/parks/anlagen
https://de.wikipedia.org/?title=Liste_der_Straßennamen_von_Wien/Leopoldstadt#S

Auswahlbibliografie

Diese Zusammenstellung gibt einen Überblick zu Buchpublikationen von Margarete Schütte-Lihotzky und von wesentlicher Literatur zu ihrem Leben und Werk.

Margarete Schütte-Lihotzky: Erinnerungen aus dem Widerstand. Hg. Chup Friemert, Hamburg 1985.

Margarete Schütte-Lihotzky: Erinnerungen aus dem Widerstand. Das kämpferische Leben einer Architektin von 1938–1945, Wien, 1994 (Neuauflage 2014).

Margarete Schütte-Lihotzky: Millionenstädte Chinas. Bilder- und Reisetagebuch einer Architektin (1958), Hg. Karin Zogmayer, Wien/New York 2007.

Margarete Schütte-Lihotzky: Warum ich Architektin wurde, Hg. Karin Zogmayer, Salzburg 2004; Neuauflage, Salzburg/Wien 2019.

150 Jahre Universität für angewandte Kunst Wien. Ästhetik der Veränderung, Hg. Gerald Bast, Anja Seipenbusch-Hufschmied, Patrick Werkner, Berlin/Boston 2017.

Renate Allmayer-Beck, Susanne Baumgartner-Haindl, Marion Lindner-Gross, Christine Zwingl, Hg. Peter Noever, MAK: Margarete Schütte-Lihotzky. Soziale Architektur – Zeitzeugin eines Jahrhunderts, Ausstellungskatalog, MAK – Österreichisches Museum für angewandte Kunst Wien, Wien 1993; 2. Auflage, Wien/Köln/Weimar 1996.

Sonia Ricon Baldessarini: Wie Frauen bauen. Architektinnen von Julia Morgan bis Zaha Hadid, Berlin 2001.

Eve Blau: Rotes Wien: Architektur 1919–1934. Stadt – Raum – Politik, Wien 2014.

Marcel Bois: »Bis zum Tod einer falschen Ideologie gefolgt.« Margarete Schütte-Lihotzky als kommunistische Intellektuelle, in: Zeitgeschichte in Hamburg 2017, Hg. Forschungsstelle für Zeitgeschichte in Hamburg, Hamburg 2018, S. 66–88

Eine von Vielen – Kassiber von Elfriede Hartmann und Tagebuchauszüge von Margarete Schütte-Lihotzky. Hörbuch. Sprecherinnen: Johanna Mertinz, Katharina Stemberger. Hg. Johanna Mertinz, Wien 2012.

Festschrift 90 Jahre Österreichischer Siedlerverband 1921–2011, herausgegeben anlässlich des 90. Gründungsjubiläums des ÖSV, Wien 2011.

Gottfried Fliedl, Kunst und Lehre am Beginn der Moderne. Die Wiener Kunstgewerbeschule 1867–1918, Wien 1986.

Die Frankfurter Küche von Margarete Schütte-Lihotzky, Hg. Peter Noever, MAK, Berlin 1992.

Edith Friedl: Nie erlag ich seiner Persönlichkeit … Margarete Lihotzky und Adolf Loos – ein sozial- und kulturgeschichtlicher Vergleich, Wien 2005.

Mona Horncastle: Margarete Schütte-Lihotzky. Architektin. Widerstandskämpferin. Aktivistin. Mit einem Nachwort von Uta Graff, Wien 2019.

Ich bin keine Küche. Gegenwartsgeschichten aus dem Nachlass von Margarete Schütte-Lihotzky. Hg. Patrick Werkner, Universität für angewandte Kunst, Wien 2008.

Uta Maasberg/Regina Prinz: Margarete Schütte-Lihotzky – »Ich bin ein schrecklich systematischer Mensch«, in: dies.: Die Neuen kommen! Weibliche Avantgarde in der Architektur der zwanziger Jahre, Hamburg 2004, S. 61–67.

Eva B. Ottilinger: Die Architektin Margarete Schütte-Lihotzky, in: maybrief 044, September 2016.

Partei in Bewegung. 100 Jahre KPÖ in Bildern, Hg. Manfred Mugrauer, Wien 2018.

Sabine Plakolm-Forsthuber: Künstlerinnen in Österreich 1897–1938. Malerei – Plastik – Architektur, Wien 1994.

Tanja Scheffler: Margarete Schütte-Lihotzky. Kinder, Küche, Kommunismus, in: Frau Architekt. Seit mehr als 100 Jahren: Frauen im Architektenberuf, Hg. Mary Pepchinski u. a., Tübingen 2017, S. 122–129.

Wilhelm Schütte, Margarete Schütte-Lihotzky: »Mach den Weg um Prinkipo, meine Gedanken werden Dich begleiten!« Der Gefängnis-Briefwechsel 1941–1945. Nachwort und Hg. Thomas Flierl, Berlin 2021.

Wilhelm Schütte Architekt. Frankfurt – Moskau – Istanbul – Wien, Hg. ÖGFA, Wien/Zürich 2019.

Margarete Schütte-Lihotzky. Architektur. Politik. Geschlecht. Neue Perspektiven auf Leben und Werk, Hg. Marcel Bois/Bernadette Reinhold, Basel 2019.

Willi Weinert: Mich könnt ihr löschen, aber nicht das Feuer. Biografien der im Wiener Landesgericht hingerichteten WiderstandskämpferInnen. 3. Auflage, Wien 2011.

Anita Zieher: Auf Frauen bauen. Architektur aus weiblicher Sicht, Salzburg 1999.

Ulrike Zimmerl: Kübeldörfer. Siedlungen und Siedlerbewegung im Wien der Zwischenkriegszeit. – Projektieren, Konzipieren, Konstruieren, Bauen, Sanieren, Demolieren. Architektonische (Un)Kultur in Österreich, Band 10, Österreichischer Kunst- und Kulturverlag, Wien 2002.

Jutta Zwilling: »Ich würde es genossen haben, ein Haus für einen reichen Mann zu entwerfen.« Margarete Schütte-Lihotzky: Architektin – Widerstandskämpferin – Kommunistin, in: Frankfurter Frauengeschichte(n), Hg. Evelyn Brockhoff/Ursula Kern, Frankfurt am Main 2017, S. 190–205.

Christine Zwingl: Grete Lihotzky, Architektin in Wien, 1921–1926, in: Die Revolutionierung des Alltags. Zur intellektuellen Kultur von Frauen im Wien der Zwischenkriegszeit. Hg. Doris Ingrisch/Ilse Korotin/Charlotte Zwiauer. Frankfurt am Main 2004, S. 243–251.

Christine Zwingl: Margarete Schütte-Lihotzky – Spuren und Wirkungen – Schwerpunkt: Wohnbau in Wien, Bericht zum Margarete Schütte-Lihotzky Projektstipendium, Wien 2016 (nicht veröffentlicht).

Abbildungsverzeichnis

Abb. 56: Foto: Globus-Verlag; UaK, NL MSL, Inv.Nr. 168/18/FW
Abb. 57: Wienbibliothek im Rathaus, Druckschriftensammlung A-128351
Abb. 58: Reproduktion: Robert Newald; UaK, NL MSL, Inv.Nr. 176/5
Abb. 59: UaK, NL MSL, Inv.Nr. 175/1/FW
Abb. 60: Foto: Bilderdienst – Pressestelle der Stadt Wien, 1952; UaK, NL MSL, Inv.Nr. 172/82/FW
Abb. 61: Foto ©ulrikewieser.at
Abb. 62: Reproduktion: Robert Newald; UaK, NL MSL, Inv.Nr. 172/2
Abb. 63: Wienbibliothek im Rathaus, Plakatsammlung P-104615
Abb. 64: Reproduktion: Robert Newald; UaK, NL MSL, Inv.Nr. 178/23
Abb. 65: Wiener Bauindustriezeitung, 1901/1902; © Wien Museum
Abb. 66: UaK, NL MSL, Inv.Nr. 180/1
Abb. 67: Foto: c.zwingl
Abb. 68: Reproduktion: Robert Newald; UaK, NL MSL, Inv.Nr. 185/5
Abb. 69: Foto ©ulrikewieser.at
Abb. 70: UaK, NL MSL, Inv.Nr. 188/45/FW
Abb. 71: Reproduktion: Robert Newald; UaK, NL MSL, Inv.Nr. 188/2
Abb. 72: Reproduktion: Robert Newald; UaK, NL MSL, Inv.Nr. 194/8
Abb. 73: Foto ©ulrikewieser.at
Abb. 74: Foto: Walter Henisch, UaK, NL MSL, Inv.Nr. 195/85/FW
Abb. 75: UaK, NL MSL, Inv.Nr. 195/56
Abb. 76: Bildarchiv der KPÖ
Abb. 77: Foto: Globus-Verlag; UaK, NL MSL, Inv.Nr. F/169
Abb. 78: Foto: Franz Hausner; Bildarchiv der KPÖ
Abb. 79: Foto: c.zwingl
Abb. 80: Wienbibliothek im Rathaus, Plakatsammlung P-5772
Abb. 81: Foto: Margherita Spiluttini; Architekturzentrum Wien, Sammlung
Abb. 82: MSL Raum
Abb. 83: Foto: c.zwingl
Abb. 84: MSL Raum
Abb. 85: UaK, NL MSL, Inv.Nr. F/594
Abb. 86: Foto: R. Allmayer-Beck; Archiv der UaK
Abb. 87: MSL Raum
Abb. 88: Archiv Peter Noever
Abb. 89: Foto: R. Allmayer-Beck; UaK, NL MSL
Abb. 90: Foto: P. Giuliani
Abb. 91: Foto: Anna Blau/MAK
Abb. 92: Foto: R. Allmayer-Beck
Abb. 93: Foto: c.zwingl
Abb. 94: Foto: Gugerell; Wikimedia Commons
Abb. 95: Foto: c.zwingl
Abb. 96: Foto: R. Allmayer-Beck
Abb. 97: Foto: c.zwingl
Abb. 98: Grafik: Maria-Anna Friedl, 2014

Wienkarte

41
27
33
12
13
8
9
17
18
37
31
16
38
19
15
11/20/34
40
5
36/46
29
39
23
6
10
4
28
26
24/25
43
2
3
22
42
1
32
35
45
14
30
7
21/44

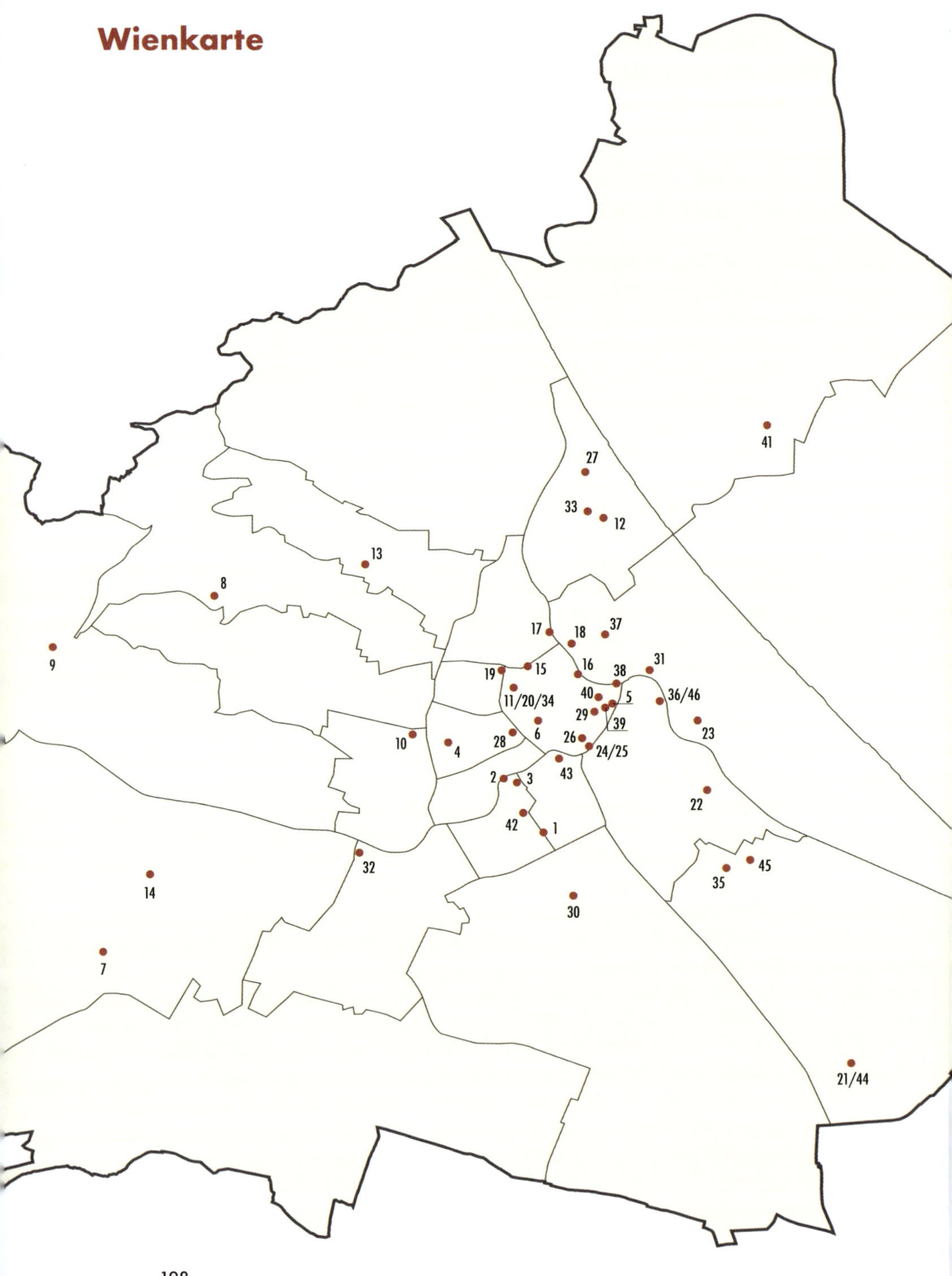

Legende

Margarete Schütte-Lihotzky

Erinnerungen aus dem Widerstand

Das kämpferische Leben
einer Architektin von 1938–1945

ISBN 978-3-85371-372-3, br., 208 Seiten, 17,90 €
E-Book: ISBN 978-3-85371-829-2, 14,99 €

Friedrich Adler

Vor dem Ausnahmegericht

Das Attentat gegen
den Ersten Weltkrieg

ISBN 978-3-85371-406-5, br., Bilder, 248 Seiten, 17,90 €